外国知识产权法律译丛

菲律宾知识产权法典

杨涛 杨斌◎译

图书在版编目（CIP）数据

菲律宾知识产权法典 / 杨涛，杨斌译 .—北京：知识产权出版社，2014.4
　　ISBN 978－7－5130－2662－8

　　Ⅰ.①菲… Ⅱ.①杨…②杨… Ⅲ.①知识产权法－菲律宾 Ⅳ.①D934.13

中国版本图书馆 CIP 数据核字（2014）第 055613 号

内容提要

本书为菲律宾知识产权法典的中文译本，共五编。第一编为知识产权局的职能机构介绍，第二编为专利法，第三编为商标、服务商标及商号法，第四编为版权法，第五编为最后规定。

本书适合知识产权领域从业人员、相关学习者及研究者阅读。

| 责任编辑：刘　睿　罗　慧 | 责任校对：韩秀天 |
| 文字编辑：陈　璐 | 责任出版：卢运霞 |

菲律宾知识产权法典
Feilübin Zhishichanquan Fadian

杨　涛　杨　斌　译

出版发行：知识产权出版社 有限责任公司	网　　址：http://www.ipph.cn
社　　址：北京市海淀区马甸南村1号	邮　　编：100088
责编电话：010－82000860 转 8113	责编邮箱：liurui@cnipr.com
发行电话：010－82000860 转 8101/8102	发行传真：010－82000893/82005070/82000270
印　　刷：三河市国英印务有限公司	经　　销：各大网上书店、新华书店及相关专业书店
开　　本：880mm×1230mm 1/32	印　　张：3.75
版　　次：2014年4月第一版	印　　次：2014年4月第一次印刷
字　　数：89千字	定　　价：15.00元
ISBN 978－7－5130－2662－8	

出版权专有　侵权必究
如有印装质量问题，本社负责调换。

目　　录

第一编　知识产权局// 3

1. 题名 ……………………………………………… 3
2. 国家政策阐明 …………………………………… 3
3. 国际条约与互惠 ………………………………… 3
4. 有关定义 ………………………………………… 4
5. 知识产权局之功能 ……………………………… 4
6. 知识产权局之组织结构 ………………………… 5
7. 局长与副局长 …………………………………… 5
8. 专利部 …………………………………………… 7
9. 商标部 …………………………………………… 7
10. 法务部 …………………………………………… 7
11. 文献、信息及技术转移部 ……………………… 9
12. 信息管理服务和EDP部 ………………………… 9
13. 行政、财务及人事部 …………………………… 10
14. 知识产权局的经费使用 ………………………… 10
15. 特殊的科学技术协助 …………………………… 11
16. 知识产权局公章 ………………………………… 11
17. 法律和法规之公开 ……………………………… 11
18. 知识产权局公报 ………………………………… 12
19. 本局官员及职员之失职 ………………………… 12

第二编　专利法// 13

第1章　一般规定 …………………………………… 13

  20. 相关术语 ·· 13
第 2 章　可专利性 ·· 13
  21. 可专利之发明 ·· 13
  22. 无专利性之发明 ··· 14
  23. 新颖性 ·· 14
  24. 现有技术 ··· 14
  25. 无损害之公开 ··· 15
  26. 发明高度 ··· 15
  27. 产业应用性 ··· 15
第 3 章　专利权归属 ·· 16
  28. 申请专利之权利 ··· 16
  29. 先申请原则 ··· 16
  30. 委托及雇佣发明 ··· 16
  31. 优先权 ·· 16
第 4 章　专利申请 ·· 17
  32. 专利申请之提起 ··· 17
  33. 专利代理人之委任 ··· 17
  34. 请求书 ·· 17
  35. 发明之公开及说明 ··· 18
  36. 权利要求 ··· 18
  37. 摘要书 ·· 18
  38. 发明之单一性 ··· 18
  39. 国外申请之相应信息 ······································· 19
第 5 章　专利授予的程序 ·· 19
  40. 专利申请日之要素 ··· 19
  41. 申请日之确定 ··· 19
  42. 形式审查 ··· 20
  43. 分类与检索 ··· 20
  44. 专利申请之公开 ··· 20

45. 公开前之保密要求 …………………………… 20
　　46. 专利申请公开后专利权之授予 ……………… 20
　　47. 第三人异议 …………………………………… 21
　　48. 申请实质审查 ………………………………… 21
　　49. 申请文件之修正 ……………………………… 21
　　50. 专利权之授予 ………………………………… 22
　　51. 专利申请之驳回 ……………………………… 22
　　52. 专利权授予后之公告 ………………………… 22
　　53. 专利证书内容 ………………………………… 22
　　54. 专利权期限 …………………………………… 22
　　55. 专利年费 ……………………………………… 23
　　56. 专利权之放弃 ………………………………… 23
　　57. 本局之自行更正 ……………………………… 23
　　58. 申请人申请更正 ……………………………… 24
　　59. 专利之变更 …………………………………… 24
　　60. 更正之形式与公开 …………………………… 24

第6章　专利权之撤销及专利权人之替换 ………… 25
　　61. 专利权之撤销 ………………………………… 25
　　62. 撤销申请之条件 ……………………………… 25
　　63. 听证通知 ……………………………………… 25
　　64. 三人委员会 …………………………………… 26
　　65. 专利权之撤销决定 …………………………… 26
　　66. 专利权或权利请求撤销之效果 ……………… 26

第7章　专利权人之救济 ……………………………… 27
　　67. 无申请权人申请专利 ………………………… 27
　　68. 真实发明人权利救济 ………………………… 27
　　69. 法院令状之公开 ……………………………… 27
　　70. 诉讼提起之期间 ……………………………… 28

第8章　专利所有人之权利及专利权侵权 ………… 28

71. 专利权之权能 ································· 28
72. 专利权之限制 ································· 28
73. 在先使用权 ··································· 29
74. 政府使用 ····································· 29
75. 保护范围以及权利要求之解释 ··················· 29
76. 专利侵权之民事制裁 ··························· 30
77. 外国人提起之侵权诉讼 ························· 30
78. 方法专利及其举证 ····························· 31
79. 损害赔偿之限制 ······························· 31
80. 损害及专利声明 ······························· 31
81. 专利侵权之抗辩 ······························· 31
82. 无效专利之撤销 ······························· 32
83. 侵权诉讼之技术顾问 ··························· 32
84. 累犯之刑事制裁 ······························· 32

第9章 专利自愿许可 ······························· 32

85. 自愿许可协议 ································· 32
86. 许可费争端之管辖权 ··························· 33
87. 禁止条款 ····································· 33
88. 强制性规定 ··································· 34
89. 许可方权利 ··································· 35
90. 被许可方权利 ································· 35
91. 例外情况 ····································· 35
92. 文献、信息技术转移部之非注册 ················· 35

第10章 强制许可 ··································· 36

93. 强制许可之理由 ······························· 36
94. 强制许可申请之期限 ··························· 36
95. 以合理的商业条款获得许可之条件 ··············· 36
96. 关涉半导体技术之强制许可 ····················· 37
97. 依存专利之强制许可 ··························· 37

98. 请求书之形式及内容 ·················· 38
99. 听证之公告 ························· 38
100. 强制许可之条款 ····················· 38
101. 强制许可之修正、撤销及放弃 ············ 39
102. 被许可人之免责 ····················· 40

第 11 章 权利的转让与转移 ················ 40
103. 权利转让 ·························· 40
104. 发明权转让 ························ 40
105. 转让之形式 ························ 40
106. 记录备案 ·························· 41
107. 共有人之权利 ······················ 41

第 12 章 实用新型注册 ····················· 42
108. 专利规则之准用 ····················· 42
109. 实用新型注册之特殊规则 ··············· 42
110. 专利申请或实用新型注册申请之转换 ······· 43
111. 并行申请之禁止 ····················· 43

第 13 章 工业外观设计以及集成电路布图设计 ····· 43
112. 相关术语 ·························· 43
113. 受保护之实质条件 ··················· 44
114. 申请书要素 ························ 44
115. 一项申请关联数个工业外观设计 ·········· 45
116. 审查 ······························ 45
117. 注册 ······························ 45
118. 工业外观设计及集成电路布图设计注册之有效期 ···························· 46
119. 其他章节之准用 ····················· 46
120. 工业外观设计及布图设计注册之撤销 ······· 49

第三编 商标、服务商标及商号法 // 50

121. 定义 ··· 50
122. 商标权之获得 ··· 50
123. 商标可注册之范围 ·· 51
124. 商标注册申请之条件 ··· 52
125. 代理及送达地址 ··· 54
126. 放弃 ··· 54
127. 申请日 ·· 54
128. 一项商标申请关联多类别之商品或服务 ····················· 54
129. 分案申请 ··· 55
130. 签名或其他身份证明手段 ······································· 55
131. 优先权 ·· 55
132. 申请号及申请日 ··· 56
133. 审查与公开 ·· 56
134. 异议 ··· 57
135. 公告与听证 ·· 57
136. 注册证书之发放及公开 ·· 57
137. 商标注册及向所有人或受让人发放证书 ····················· 58
138. 注册证书 ··· 58
139. 注册商标之公开与查阅 ·· 59
140. 登记人之撤销申请及注册之更正或放弃 ····················· 59
141. 作为证据之盖章或证明之副本 ································· 59
142. 本局之自行更正 ··· 59
143. 申请人申请更正 ··· 60
144. 商品或服务之分类 ·· 60
145. 有效期 ·· 60
146. 商标续展 ··· 60

147. 商标权 …………………………………………………… 61
148. 第三人之非商标性使用 …………………………………… 62
149. 申请及注册的转让与转移 ………………………………… 62
150. 许可协议 …………………………………………………… 62
151. 撤销 ………………………………………………………… 63
152. 商标不使用之申辩 ………………………………………… 64
153. 请求提起之条件、通知与听证 …………………………… 64
154. 注册商标之撤销 …………………………………………… 64
155. 侵权与救济 ………………………………………………… 65
156. 诉讼、损害赔偿及禁令 …………………………………… 65
157. 法院有权命令销毁侵权物 ………………………………… 66
158. 损害及声明之要求 ………………………………………… 66
159. 侵权诉讼之限制 …………………………………………… 66
160. 外国法人提起之商标权执行诉讼 ………………………… 67
161. 商标权之确权 ……………………………………………… 67
162. 对虚假或欺诈性陈述提起诉讼 …………………………… 68
163. 法院管辖权 ………………………………………………… 68
164. 向长官通知诉讼之提起 …………………………………… 68
165. 商号或营业名称 …………………………………………… 68
166. 含侵权商标或商号之商品 ………………………………… 69
167. 集体商标 …………………………………………………… 69
168. 不正当竞争、权利、规则及救济 ………………………… 70
169. 虚假原产地标志、虚假说明和陈述 ……………………… 71
170. 刑罚 ………………………………………………………… 71

第四编　版权法// 72

第1章　一般规定 ……………………………………………… 72
　171. 相关术语 ………………………………………………… 72

第2章 原创作品 …… 73
172. 文学和艺术作品 …… 73

第3章 衍生作品 …… 74
173. 衍生作品 …… 74
174. 已出版作品之版本 …… 75

第4章 不受保护之作品 …… 75
175. 未受保护之主题 …… 75
176. 政府作品 …… 75

第5章 版权或经济权利 …… 76
177. 版权或经济权利 …… 76

第6章 版权所有权 …… 77
178. 版权所有权之规则 …… 77
179. 匿名及化名作品 …… 78

第7章 版权的转移和转让 …… 78
180. 受让方权利 …… 78
181. 版权及其载体 …… 78
182. 转让、许可协议之备案 …… 78
183. 协会之选定 …… 79

第8章 版权之限制 …… 79
184. 版权之限制 …… 79
185. 版权作品之合理使用 …… 80
186. 建筑作品 …… 81
187. 已出版作品之复制 …… 81
188. 图书馆之影印复印 …… 82
189. 计算机软件之复制 …… 82
190. 私人用途之进口 …… 83

第9章 交存与声明 …… 84
191. 向国家图书馆和最高法院图书馆处之注册与交存 …… 84

192. 版权声明 ································ 84

第10章 精神权利

193. 精神权利范围 ····························· 85
194. 特殊违约 ································ 85
195. 精神权利弃权 ····························· 85
196. 集体作品之贡献 ··························· 86
197. 作品之编辑、整理及改写 ··················· 86
198. 精神权利之期限 ··························· 86
199. 执法救济 ································ 86

第11章 转售提成权（后续权）

200. 作品出售或租借 ··························· 87
201. 未涵盖之作品 ····························· 87

第12章 表演者权、声音制品制作者权以及广播组织权 ··· 87

202. 定义 ···································· 87
203. 表演者权利 ······························· 88
204. 表演者精神权利 ··························· 89
205. 权利之限制 ······························· 89
206. 后续传播或广播之额外报酬 ················· 89
207. 契约条款 ································ 90

第13章 录音制品制作者

208. 权利范围 ································ 90
209. 向公众传播 ······························· 90
210. 权利限制 ································ 91

第14章 广播组织

211. 权利范围 ································ 91

第15章 保护之限制

212. 权利限制 ································ 91

第16章 保护期

213. 保护期 ·································· 92

214. 保护期之计算 ………………………………………… 92
215. 表演者、录音制品制作者以及广播组织权利保护期 ……………………………………………… 93

第17章 版权侵权 ………………………………………… 93
216. 侵权救济 ……………………………………………… 93
217. 刑罚 …………………………………………………… 94
218. 誓证 …………………………………………………… 95
219. 作者之推定 …………………………………………… 95
220. 作品之国际注册 ……………………………………… 96

第18章 适用范围 ………………………………………… 96
221. 第172条、第173条所涉作品之附带规定 ………… 96
222. 表演者之附带规定 …………………………………… 96
223. 录音制品之附带规定 ………………………………… 97
224. 广播节目之附带规定 ………………………………… 97

第19章 民事起诉 ………………………………………… 97
225. 管辖权 ………………………………………………… 97
226. 损害赔偿 ……………………………………………… 97

第20章 附加规定 ………………………………………… 98
227. 交存本和文书之所有权 ……………………………… 98
228. 公共记录 ……………………………………………… 98
229. 版权部门经费 ………………………………………… 98

第五编 最后规定// 99

230. 衡平法则之适用 ……………………………………… 99
231. 与外国法反向互惠 …………………………………… 99
232. 上诉 …………………………………………………… 99
233. 机构组织;《薪酬标准法》和《缩员法》之豁免 …………………………………………………… 99

234. 专利、商标及技术转移部之废除 …………… 100
235. 本法生效前之待决申请 ………………………… 100
236. 已有权利之保留 ………………………………… 100
237. 《伯尔尼公约》附录之告示 …………………… 100
238. 拨款 ……………………………………………… 101
239. 废除 ……………………………………………… 101
240. 分离性 …………………………………………… 101
241. 生效日 …………………………………………… 101

菲律宾知识产权法典

(菲律宾共和国第 8293 号法案)

本法案为知识产权法典,据此成立国家知识产权局,规定其相应权限和功能,以及为其他目的。

第一编　知识产权局

1. 题名

本法案名曰"菲律宾知识产权法典"。

2. 国家政策阐明

本国认为，一个有效的知识、工业产权体系对本国发展及创新至关重要，对促进技术传播、吸引外资，并保证我国商品的国际市场准入甚为关键。故在本法所涉保护期内，法律对科学家、发明人、艺术家以及其他有天赋公民的知识财产及创作物之独占权，特别是那些对人们有益的知识产权，予以保护和捍卫。

知识产权的利用须秉持社会本位。为此，国家得以促进知识和信息传播，以促进国家发展和公共产品进步。

国家政策同样致力于优化知识产权，如专利、商标、版权的注册等方面的行政程序，以及放宽对技术移转登记之限制，并加强知识产权在本国之实施。（n）

3. 国际条约与互惠

菲律宾加入的知识产权公约、条约或者协定的成员国之公民或者是反不正当竞争条约的成员国之公民，或是在该国内有住所，或有真实有效之工商业实体，或是其国内法赋予菲国公民之额外互惠性权利，则该知识产权所有人除了享有上述公约、条约或互惠法之生效范围内所规定之权利外，还享有本法规定的其他权利。（n）

4. 有关定义

4.1 本法所称"知识产权"包含：

（a）版权及相关权；

（b）商品商标及服务商标；

（c）地理标志；

（d）工业外观设计；

（e）专利；

（f）集成电路布图设计（拓扑图），以及；

（g）未披露信息之保护。（n）

4.2 "技术移转协议"指有关商品生产、工艺之应用或服务提供方面之系统性知识的转让的合同或协议，包括管理合同及各种知识产权的转移、转让或许可使用的合同，亦包括计算机软件之使用许可，但为大众市场开发之计算机软件除外。

4.3 "本局"系指根据本法案成立之"知识产权局"。

4.4 "知识产权局公报"系指知识产权局依本法出版之公报。（n）

5. 知识产权局之功能

5.1 为管理和实施本法案所阐明之国家政策，由此设立之知识产权局将发挥以下具体功能：

（a）审查有关发明专利之申请案以及实用新型、工业外观设计的注册申请事宜；

（b）审查商标、地理标志以及集成电路布图设计的注册申请；

（c）备案技术转让合同，解决第二部分第九章所涉自愿许可之技术转让费之争端，并发展和实施相关战略以促进技术移转；

（d）促进专利信息利用，使其成为促进技术发展的有效手段；

(e) 在其出版物内定期公布已被核准或是已颁发证书的专利、商标、实用新型和工业外观设计,以及技术转移合同之备案;

(f) 对影响知识产权的争议事项进行行政裁决;

(g) 知识产权局须加强与其他政府部门及私营机构之合作,努力制订和实施计划和政策,以加强本国知识产权之保护。

5.2 知识产权局应妥善保管所有向本局提交的有关知识产权申请的记录、书籍、图纸、说明书、证书及其他相关文件和物件。(n)

6. 知识产权局之组织结构

6.1 知识产权局设一名局长领导全局工作,并由两名副局长协助工作。

6.2 本局辖六个部门,每个部门皆设一名长官领导本部门工作,由一名副长官协助其工作。这六个部门是:

(a) 专利部;

(b) 商标部;

(c) 法务部;

(d) 文献、信息及技术转移部;

(e) 信息管理服务及 EDP 部;

(f) 行政、财务和人事部。

6.3 知识产权局局长、副局长、各部门正副长官由总统任命,本局其他官员及职员的任命则由贸易工业部部长依《公务员法》操作。(n)

7. 局长与副局长

7.1 功能

局长具有以下权力和职责:

(a) 管理和指挥本局全部运行和活动,包括为实施本局目标、政策、计划、程序和项目而制定和公布的规章和条例，并在以下事项上有政策和标准之提议权：(1) 为了本局各项工作的经济高效运作需要制定相应法案；(2) 与其他政府部门在知识产权法实施方面进行协调；(3) 律师、代理人或者其他申请人的代表人或其他当事人在本局的认可；(4) 确定专利、实用新型、工业外观设计或商标、集体商标、地理标志及其他标志等的申请的受理费和处理费，以及本局提供的其他服务和材料的费用，该权利行使应受贸易工业部部长监督；

(b) 局长对法务部、专利部、商标部、文献信息及技术转移部长官作出的所有决定有独占的上诉裁判权，局长对专利部和商标部长官的决定所作的上诉审理裁决，根据法院规则可以向上诉法院提起上诉，而那些有关文献信息技术转移部决定的上诉审理的裁决则可向贸易工业部提起上诉；

(c) 对作者公开表演或是其他作品传播方面权利的许可协议条款争端的解决行使初审管辖权。局长对此类案件所作的裁决可上诉至贸易工业部。

7.2 任职资格

局长和副局长必须是出生时即为菲律宾国籍，任职时年龄不小于三十五周岁，已获大学学位，并应具有胜任该职位的能力，正直诚实，廉洁独立，局长和至少一名副局长应是菲律宾律师协会成员，至少有十年法律从业经验，而且局长和副局长的选择及任命，应考虑知识产权不同领域在本局中代表的平衡。

7.3 任职期限

局长和副局长经由总统任命，每届任期五年，仅可连任一次，第一任局长可以任职七年，空缺职位的委任只适用于前任未满之任期。

7.4 局长办公室

局长办公室由局长和副局长组成，局长还可以设置一些直接支持局长办公室的直属工作人员或是该类办事处和服务机构。(n)

8. 专利部

专利部承担以下职能：

8.1 检索和审查专利申请和授予专利权。

8.2 对实用新型、外观设计和集成电路设计进行注册登记；并且；

8.3 进行专利领域的学习和研究，为局长制定专利行政管理和专利审查方面的相应政策提供支持。(n)

9. 商标部

商标处承担以下职能：

9.1 检索和审查商标注册申请，地理标志以及其他标志所有权的注册登记，及发放注册证书，以及；

9.2 进行商标方面的学习和研究，为局长在商标行政管理和商标审查方面制定相应政策提供依据。(n)

10. 法务部

法务部承担以下职能：

10.1 受理并处理商标注册之异议、商标权撤销的申请；以及根据本法第64条之规定，对专利、实用新型和工业外观设计的撤销；及请求专利强制许可等事务进行受理和处理。

10.2 (a) 对违反知识产权法的行政申诉行使初审管辖权，该管辖权只限于索赔金额不低于二十万比索的案件。并且这种临时赔偿的使用得依法院规则予以进行，法务部长官有权对罔顾诉讼中所发出的命令或文书者进行拘留和惩戒；(n)

(b) 经正式调查后，法务部长官可处以下一种或几种行政处罚：

(i) 向被告发放停止和中止令，明确说明其应该停止和中止之具体行为，并要求其在规定的合理期限内提交一份遵守报告；

(ii) 遵守或中止的自愿保证被接受后则依此执行，这种自愿保证应包含以下列举的一项或几项内容：

(1) 保证遵守其违反的知识产权法相关规则；

(2) 保证戒除正式调查查明其违法或不正当行为；

(3) 保证召回、替换、修理那些已进入商业流通中的侵权商品，或者返还其经济价值；

(4) 保证偿还原告由于制止侵权活动而向法务部提起申诉所支付的所有费用。

法务部长官还有权要求被告定期提交遵守报告，并提交担保以确保其承诺遵守；

(iii) 依法对侵权产品进行查处和扣押，法务部长官有权将扣押之商品以认为合适的方式进行处理，如通过出售或捐赠给困窘的地方政府或慈善救济机构、出口、回收制成其他商品，或在长官提出的指导方针下选择上述方式的组合；

(iv) 没收那些用于实施侵权行为的工具设备及所有动产和不动产；

(v) 法务部长官进行行政处罚的金额合理范围为不少于五千比索不高于十五万比索，另外，在连续侵权的情况下，则应处以每日不高于一千比索的罚金；

(vi) 吊销本局已发放或是同意的任何许可证、执照、授权或注册或是其中止其效力，法务部长官认定中止的合理期间不得超过一年；

(vii) 对任何从本局获得的许可、授权或是注册予以暂扣，如对方当事人已向本局提供担保；

(viii) 损害赔偿额之核定；

(ix) 训诫，以及；

(x) 其他类似处罚或制裁。（NO.913 行政命令［1983］a 第 6、7、8、9 条）

10.3 局长可以制定细则来规范相应的程序以指导本条之

实施。(n)

11. 文献、信息及技术转移部

文献、信息及技术转移部承担以下职能：

11.1 通过以下工作来支持本局之检索和审查：

(a) 保护和维持国内或国际分类体系，如国际专利分类（IPC）体系；

(b) 为确定检索模式提供咨询服务；

(c) 保管维持搜索文件、检索室及参考资料馆，以及；

(d) 汇编和收集工业产权相关信息得。

11.2 建立网络或中介或区域代理。

11.3 通过开展研讨会和举办讲座或其他类似活动，教育公众和培养公众知识产权意识。

11.4 与研发机构和国内外知识产权专业组织建立相应的工作关系。

11.5 检索现有技术。

11.6 促进专利信息的利用，使其成为促进本国科技发展之有效工具。

11.7 提供与技术许可和技术促进有关的技术咨询服务及其他服务，并实施一套经济有效的方案促进技术转移。

11.8 对技术转让协议进行备案，并解决技术转移费争端。(n)

12. 信息管理服务和 EDP 部

12.1 进行自动化规划、研发、系统测试及合同审查、订约、设备的购置和维修、系统设计和维护、处理用户咨询等活动。

12.2 为本局提供管理信息支持与服务。(n)

13. 行政、财务及人事部

13.1 行政服务包括：

（a）提供有关物资和设备的采购和分配、交通运输、信差工作、出纳、薪金支付和其他义务和服务，办公室之维修、适当的安全与保障以及其他相关公共设施的服务；根据法律法规，做好绩效考核、报酬和福利、就业记录和报告等工作；

（b）受理向本局提出的所有申请，并收取相应费用，以及；

（c）将专利申请与授权、商标申请及商标注册、工业外观设计、实用新型、地理标志、集成电路布图设计注册等事项予以公告。

13.2 专利和商标行政管理服务应履行下列职责：

（a）保管包含商标和专利的转让、合并、许可及参考资料的登记簿；

（b）收取保管费，在其保管期内签发经证明的文件复制件，以及实施其他类似活动；

（c）保管向本局提出的所有申请以及所有的专利授予，以及本局签发的注册证书，或其他有关事项。

13.3 财务服务部门应制定和实施一套高效的财务系统，以确保资金能力和资金的合理有效使用；对本局财务管理提供有效之监督系统。

13.4 人力资源发展服务部门应为本局职员设计并实施人力资源开发计划和方案；为本局现在及未来人力需求提供人才支撑，持续地制订及实施员工发展计划，使员工在本局保持昂扬士气和良好的工作态度。（n）

14. 知识产权局的经费使用

14.1 为更有效和迅速地实施本法案，局长仅需遵守现有会计和审计规则和规例，而不需要任何其他政府机构批准，其有权保留本局依本法和其他法律所收取的费用、罚款、使用费和其他费用，本局将有权管理这些经费供业务活动开展，例如对设施升级、设备花费、人力资源开发，以及购置合适办公空间，尤其是改善其提供给公众的服务。这个总数额，除开本局的年度预算外，所剩经费则应交存并另设单独账户或基金，由局长决定其使用和花费。

14.2 本法案实施五年后，局长经贸易工业部部长批准，确定依第 14 条第 1 款所涉费用金额是否足以满足其预算所需。如果是，则保留其在第 14 条第 1 款规定的相同条件下收缴的所有费用，但应立即停止从国家年度预算中获取经费；如果尚不能满足其预算所需，则第 14 条第 1 款规定的收费应继续适用，直至局长经贸易工业部部长批准，证明本局上述收费已足够支持其运作。（n）

15. 特殊的科学技术协助

本局在本法的实施中所面对之事务，经过适当考虑后觉得确有必要时，局长则有权获得技术和科学方面的援助，或从其他政府机构调用合格管理人员或职员或是政府（包括国家拥有或国家控制经营之公司企业）的设备。(R. A. NO. 165a 第 3 条)

16. 知识产权局公章

本局应设一公章，其样式及设计由局长核准。(R. A. NO. 165a 第 4 条)

17. 法律和法规之公开

对本法及其他相关法律、行政命令以及本局所涉诉讼事务之信息通告，本局应将其印刷并通过小册子形式向公众提供。(R. A. NO. 165a 第 5 条)

18. 知识产权局公报

本法所要求公布的所有事宜应在本局出版物中（本局公报）公布。（n）

19. 本局官员及职员之失职

本局所有官员和职员在其任职期内及离职后一年内，不得申请或是以律师或专利代理人的身份申请专利，或申请实用新型、工业外观设计或商标注册，除继承取得外，亦不能取得专利权或实用新型、外观设计的注册，或是商标权等任何权利和利益。（R. A. NO. 165a 第 77 条）

第二编　专利法

第 1 章　一般规定

20. 相关术语

对本部分专利法所使用的相关术语的意义界定如下：

20.1 "本部"系指专利部。

20.2 "长官"系指专利部长官。

20.3 "细则"系指由专利长官制定，由局长发布的有关专利方面的实施规则。

20.4 "审查员"系指专利审查员。

20.5 "专利申请或申请"系对发明寻求专利申请，而在第十二章和第十三章的申请分别是指实用新型、工业外观设计的申请，以及；

20.6 "优先权日"系指对本法令第 31 条提到的同一发明于申请日前在国外申请的日期。（n）

第 2 章　可专利性

21. 可专利之发明

在人类活动的任何领域，任何有关技术问题的新的解决方案，只要其有一定的发明高度并适于产业应用则应授予专利权。

它可能是或可能涉及一件产品或一种方法或产品、方法之改进。

22. 无专利性之发明

22.1 发现、科学原理，或数学方法。

22.2 智力活动、游戏或商业工作的计划、规则或方法，及计算机程序。

22.3 对人体或动物身体进行外科手术或治疗处理的方法，及对人体或动物身体进行的诊断方法，但不包括这些手段之实施所涉及的工具及工具的组合本身。

22.4 植物品种或动物种类以及为栽培植物或饲养动物所使用的重要生物方法，但不包括微生物的方法与借此微生物方法而获得的产品。

本款不排除国会制定其他法案或是以专门知识产权法的模式对植物品种和动物种类提供特殊保护。

22.5 美学上的创作，以及；

22.6 违反公共秩序或道德之发明。（R. A. NO. 165a 第8条）

23. 新颖性

任何发明只要是属于现有技术的一部分，则无新颖性。（R. A. NO. 165a 第9条）

24. 现有技术

24.1 现有技术，包括在发明专利申请日前（如有主张优先权则指优先权日），以书面或口头描述、以使用或以其他方式可得公开获得的世界上的所有知识。

24.2 在申请日前或是根据第31条成功主张的优先权日之前，根据本法已出版公开的、在菲律宾存档或已生效的专利、实用新型或工业外观设计注册的申请中所包含的所有知识皆属于现

有技术，只要在这两个申请中的申请人或发明人不是同一人。（R. A. NO. 165a 第 9 条）

25. 无损害之公开

25.1 申请日或优先权日前十二个月内该申请的信息的公开并不导致其新颖性的丧失，只要该公开属于以下情况：

（a）是由发明人实施的公开；

（b）由专利部门实施的公开，该信息包含在（a）发明人提起的另一个申请中而专利部本不该将其公开而公开的；或者（b）直接或间接从发明人处获得发明的第三人未经发明人同意而进行专利申请而致使其被公开；

（c）第三人直接或间接从发明人处获得该信息而将其公开的。

25.2 根据本法第 25 条第 1 款，"发明人"亦指在专利申请日，任何对该发明享有权利的人。（n）

26. 发明高度

一项发明具有发明高度是指在申请日或是优先权日，申请专利的发明相对于现有技术来说，对任何本技术领域的专业人员而言不是显而易见的。（n）

27. 产业应用性

一项发明能够在任何一种产业中被生产或使用即为具有产业应用性。（n）

第 3 章　专利权归属

28. 申请专利之权利

申请专利的权利属于发明人,及其继承人或受让人。若发明是由两人或两人以上共同完成,则申请专利之权利由其共有。(R. A. NO. 165a 第 10 条)

29. 先申请原则

如果两人或两人以上各自独立得到同一发明,专利权属于对该发明提出专利申请的人,若两人或两人以上对该发明提出专利申请,则专利权应授予申请日或是优先权日较早的申请人。(R. A. NO. 165a 第 10 条第三句)

30. 委托及雇佣发明

30.1　除非合同另有约定,申请专利之权利属于委托方。

30.2　雇员在雇佣期间完成的发明,该专利之归属如下:

(a) 属于雇员,如果该发明不在其本职工作范围之内,即使占用了工作时间、利用了雇主之设备等物质条件;

(b) 属于雇主,如果该发明是因履行本职工作而完成,除非另有相反的明示或暗示的约定。(n)

31. 优先权

根据菲律宾已参加的国际公约、条约或根据互惠对等原则,任何人在专利申请之前,已在其他成员国内申请专利的,则将其在其他成员国提出专利申请的申请日作为申请日,如果(a)申请人明确提出优先权主张;(b)向本国提起的申请是在外国提起专利申请日起的十二个月内提起的;以及(c)在向本国提出专利申请时,应该在六个月内提交其已向外国提出专利申请的证明材料及材料之英译本。(R. A. NO. 165a 第 15 条)

第 4 章　专利申请

32. 专利申请之提起

32.1　专利申请应以菲律宾文或英文形式呈递,并应包含以下内容:
(a)专利授予的请求;
(b)发明之说明书;
(c)理解发明所必要之附图;
(d)一项或多项权利请求;
(e)摘要。

32.2　专利权应该授予发明者本人,如若申请人非发明者本人,则令其提供证明自己是合格申请人之相关材料。(R. A. NO. 165a 第 13 条)

33. 专利代理人之委任

如专利申请者并非本国公民,应委托和持续由本国代理人来完成通知和处理专利申请有关的司法或行政手续,及其他相关手续。(R. A. NO. 165a 第 11 条)

34. 请求书

请求书应包含授予专利权的申请,以及申请人、发明人和代理人的姓名等信息,以及本发明的主题。(n)

35. 发明之公开及说明

35.1 专利申请应该公开,并要充分清晰地披露以使本技术领域的熟练人员能据之得以实施,如果该申请涉及微生物组织的利用、微生物的培育过程或是产品,不能充分披露以使本技术领域的熟练人员依之实施的,且该微生物组织不易为公众获得,则由国际存放机构代为存放该微生物组织。

35.2 说明的内容以及阐述顺序等由细则规定。(R. A. NO. 165a 第 12 条)

36. 权利要求

36.1 一项专利申请应包含一项或多项权利请求以界定其要寻求保护的内容,每项请求应简洁明确,并应与说明书内容对应;

36.2 权利请求的表现形式由细则规定。(n)

37. 摘要书

摘要书应包含一个对说明书、权利要求以及适当的附图之简明概要以公开其发明,不超过一百五十字。行文应清楚地反映本发明的技术问题,以及其技术方案所要解决的问题之要点,及本发明的主要用途。摘要书应仅限于技术信息。(n)

38. 发明之单一性

38.1 一项申请只应关联一项发明,或是属于一个总的构思的数个发明。

38.2 如果数项独立的发明不属于一个总的发明构思而申请一项专利,专利长官应该要求其将申请限定于一项发明。分割后提出的申请,是前申请被分割为数项申请成为终局的四个月内提起的,则将分割前首次申请之申请日视为后申请之申请日,如有必要则提起期间可另附不超过四个月宽限期，如果分割后的每项申请并未超过首次申请之披露范围。

38.3　专利权被授予后，未遵守单一性原则并不当然成为专利撤销的理由。（R. A. NO. 165a 第 17 条）

39. 国外申请之相应信息

应长官要求，对向本局提出的申请是同一发明或实质上是同一发明，则申请人得提供其国外申请（所谓的"国外申请"）之日期和序列号，以及其他国外申请所涉信息。（n）

第 5 章　专利授予的程序

40. 专利申请日之要素

40.1　专利申请日是本局收到完备之申请的日期，申请至少要包含以下要素：

（a）寻求本国专利授予的明示的或默示的表示；

（b）确定申请人身份的相关信息；

（c）对发明之说明与以菲律宾文或英文作成的一项或几项权利请求。

40.2　如未在细则规定期限内补齐这些要素，则该申请视为撤回。（n）

41. 申请日之确定

本局应该审查专利申请在申请之日是否满足第 40 条所规定之条件，如果在申请之日不符合要件，则有一次机会补正其不足以契合法律规定，如果申请不符合第 40 条所规定的要素，则申请日为其材料补齐之日。若未在规定的时间内补齐，则该申请视

为撤回。(n)

42. 形式审查

42.1 一项专利申请确定申请日并依法按时交纳相应费用后,申请人要在法定期间内满足第 32 条和细则所规定的形式条件,否则申请视为撤回。

42.2 申请的重新审查及恢复程序,以及对专利长官的最终行政行为的申诉程序由细则规定。(R. A. NO. 165a 第 16 条)

43. 分类与检索

专利申请若是符合形式审查,则应该对其分类并检索现有技术水平。(n)

44. 专利申请之公开

44.1 专利申请应自申请日或优先权日起十八个月届满后在本局公报上公开,并随附本局实施的或是代表本局的检索文件,该检索文件的引用文件反映现有技术水平。

44.2 专利申请公开后,任何利害关系人皆有权在本局查阅该专利申请。

44.3 局长根据贸易工业部部长批准,可禁止或限制某些专利申请的公开,如其认为公开会对国家安全或国家利益造成不利。(n)

45. 公开前之保密要求

专利申请公开前,若未取得权利人的同意,则不得向他人提供所有相关文件资料。(n)

46. 专利申请公开后专利权之授予

专利申请人享有第 76 条所规定的专利权人的权利以对抗任

何未获得其授权而对已公开专利申请文件中所涉发明实施了第 71 条所规定的行为，申请人的权利就如同已获得专利权；如果该行为人有以下行为：

46.1　行为人认识到其所使用的发明是已公开的专利申请中的发明。

46.2　行为人已收到书面通知，被告知其所使用的发明与已公开专利申请中的标的是相同的或是实质相同的，且书面通知已列明专利申请的序列号。但若要对该行为提起诉讼，则需在公开的专利申请被授予专利权后提起，并得从该行为实施之日起四年内提起诉讼。(n)

47. 第三人异议

对于公开的专利申请文件，任何人皆可评议其是否具有专利性，本局应将该类查检通知专利申请人，申请人有权对此评议提出其抗辩意见，本局应该告知其已收到，并将此类评议及抗辩意见在专利申请之文件中体现。(n)

48. 申请实质审查

48.1　申请人得在第 41 条规定的专利公开之日起的六个月内，向本局提出实质审查的书面申请，即请求审查专利申请是否符合第 21～27 条以及第 32～39 条规定的条件，并按时交纳相应费用，否则视为专利申请撤回。

48.2　实质审查的申请之撤回不可恢复，亦不退还任何费用。(n)

49. 申请文件之修正

在专利审查过程中可以对申请文件加以一定的修正，但是此类修正不能加入越过原先公开的申请文件范围的内容。(n)

50. 专利权之授予

50.1 如果专利申请符合本法规定的条件,并按时交纳相应费用,则应授予专利权。

50.2 如果专利授予费用和印刷费未按时交纳,专利申请则视为撤回。

50.3 专利权自本局公报对专利权授予的公告之日起生效。(R. A. NO. 165a 第 18 条)

51. 专利申请之驳回

51.1 专利审查员驳回专利申请的最终决定根据本法可以向专利长官提出上诉。

51.2 对专利长官驳回专利申请的命令提起上诉的程序由细则规定。(n)

52. 专利权授予后之公告

52.1 专利权授予及其相关信息应于法定期间内在本局公报上公开。

52.2 任何利害关系人皆可查阅本局存档专利的全部说明书、权利要求书及附图。(R. A. NO. 165a 第 18 条)

53. 专利证书内容

专利权证书应以菲律宾共和国名义,加盖本局公章并由局长签名,若有专利说明书、权利要求书和附图,则一同在本局登记簿或是记录册上登记备案。(R. A. NO. 165a 第 19、20 条)

54. 专利权期限

专利权自申请日起有效期为二十年。(R. A. NO. 165a 第 21 条)

55. 专利年费

55.1　为维持专利申请及专利权，申请人在依本法第44条所规定的申请公开之日起四年期限届满后应交纳专利年费，此后每年的专利年费应在当年该日交纳。专利年费应该在到期日前三个月内交纳。如若专利申请被撤回，驳回或撤销，则该年费交纳义务终止。

55.2　如未按期交纳年费则产生如下后果，专利申请视为撤回或从已交纳专利年费期满日起专利权失效。专利申请视为撤回或是专利权因未缴纳年费而失效的通知应该在本局公报上公开，并且专利失效应登记备案。

55.3　专利年费交纳可以赋予六个月的宽限期，延迟缴费的追加罚款一并缴纳。(R.A.NO.165a 第22条)

56. 专利权之放弃

56.1　专利权人若得到那些已在本局备案的被许可人、权利受让人或是其他对该发明或是专利权享有其他利益的人的同意，则可以放弃专利权或是其中某项或某几项权利要求，从而丧失某些权利；

56.2　任何人皆可向本局对本条中的专利权之放弃提出异议，如其提出异议，本局应通知专利权人及其他当事人，并处理和决定该项争端；

56.3　如果本局认为其专利权放弃是合适的，则接受其放弃请求，并在本局公报上公告，则该专利权从公告之日起终止，此前为政府服务而对该发明的使用，权利人不得由此提起相关侵权诉讼，也无权要求补偿。(R.A.NO.165a 第24条)

57. 本局之自行更正

当专利记录中有明显错误时，且该错误是由于本局工作疏忽

所致，则长官有权对该错误自行作出更正，而无须收费，以使其与记录保持一致。（R. A. NO. 165a 第 25 条）

58. 申请人申请更正

由利害关系人的申请，并交纳相应的费用后，局长有权更正专利申请中的任何形式或抄写上的错误，而该错误并非由本局工作疏忽所致。（R. A. NO. 165a 第 26 条）

59. 专利之变更

59.1 专利所有人有权请求本局对专利权以下内容作一定变更：

（a）限制专利权保护的范围；

（b）更正明显的错误或是更正书写瑕疵；

（c）依诚实信用原则更正除了（b）之外的其他瑕疵和错误，但是在专利权授予两年后，不得提出扩大保护范围之变更，而且所作变更不得影响第三者据此专利权而已公开享有的权利。

59.2 不得允许超出原先专利申请的公开的范围的更正。

59.3 根据本条规定所作的专利权变更，其变更范围内之内容亦得在本局公报中公开。（n）

60. 更正之形式与公开

任何修订或更正皆需附有相应证明书，此证明书需加盖本局公章并由局长签名以证明，该证明书需与专利附在一起。此修订或更正之通告均应在本局公报上公开，本局保存的或提供的专利权证书复制件都应该包含有本修订或更正证明书。（R. A. NO. 165a 第 27 条）

第6章 专利权之撤销及专利权人之替换

61. 专利权之撤销

61.1 任何利害关系人,在交纳相关申请费后,可以据以下理由向本局申请撤销专利权或是其全部或部分权利要求:

(a) 该发明不具新颖性或不具专利性;

(b) 该发明的公开未完整清晰到使相关领域的熟练技术人员能依之成功实施的程度;

(c) 该发明违反公共秩序或道德。

61.2 撤销申请若涉及全部或部分权利请求,则撤销效力亦仅局限于该请愿所涉范围。(R. A. NO. 165a 第28、29条)

62. 撤销申请之条件

撤销之申请须以书面形式呈现,经申请人或是其他代表其利益且了解事实的人的核实,并详细说明其申请所依据之理由,包括向本局提交阐明有关事实依据之声明。申请人得附上申请中提及的印刷物或其他国家的专利文献之印刷出版物,如其并非英文文本,则要求其提交相应的英译本。(R. A. NO. 165a 第30条)

63. 听证通知

专利撤销的申请受理之后,法务部长官应该尽快向专利所有人,以及其他在本局备案的权利人、被许可人或是对该发明有利害关系的人发出听证通知,告知其听证日期,该专利撤销申请的听证通知需在本局公报上公开。(R. A. NO. 165a 第31条)

64. 三人委员会

如果涉及高尖端科学技术问题，经当事人任何一方之提议，法务部长官可在听证前组成一个三人委员会，并下令该申请之听证由三人委员会来进行并裁决。三人委员会由法务部长官担任主席，另外两人则为该技术领域有足够经验的人员或是专家组成。对于该委员会的决定，当事人可以向局长上诉。(n)

65. 专利权之撤销决定

65.1 如果委员会发现申请撤销的理由成立，则决定撤销该专利或是其中某项或某几项权利请求。

65.2 如果委员会发现在专利撤销申请的听证过程中，考虑到专利所有人作出相应的修订能够使该专利或所涉发明符合本法要求，则应该决议维持修正后的专利权，如所有人在细则规定的期限内缴纳了新专利的印刷费。

65.3 如果新的专利的相关印刷费用未在规定的时间内交纳，则该专利视为撤销。

65.4 如果专利依第65条第2款的规定修正的，专利部应该在公开撤销决议的同时，将修订中包含的摘要书、代表性的权利请求书和清晰的附图等一并公开。(n)

66. 专利权或权利请求撤销之效果

被撤销的专利权或某些特定的权利请求将终止，撤销通知应该在本局公报中公开，法务部的撤销决议即使尚处于上诉期间亦应立即执行，除非局长阻止其执行。(R. A. NO. 165a 第32条)

第7章 专利权人之救济

67. 无申请权人申请专利

67.1 如本法第29条所涉人并非专利申请人,而法院最终裁决或判决宣告该人有权申请专利,则该人应该在终局裁决生效后的三个月内:

(a) 起诉,要求追回其专利申请,以代替原申请人;

(b) 就同一发明提交一份新的专利申请;

(c) 请求驳回其专利申请;

(d) 如果已经授予专利权则提出申请以撤销该专利。

67.2 在第67条第1款的规定,提出新的专利申请时,第38条第2款规定在作必要的变更,亦得适用。(n)

68. 真实发明人权利救济

如果未经真正发明人之同意而剥夺其专利或是因他人之欺诈丧失其专利,而终局裁决或判决宣告其为真正发明人,法院可命令将真正发明人替换为专利所有人,或根据真正发明人之选择将专利撤销,并赔偿其实质损失以及其他对其有利的损害赔偿,且该损害赔偿的确定根据具体情况是合理的。

69. 法院令状之公开

法院应向本局提供第67条、第68条所指的令状或判决书的副本,该令状或判决书应在其成为终局裁判或生效之日起三个月内见诸本局公报,并在本局登记备案。(n)

70. 诉讼提起之期间

本法第 67 条、第 68 条所规定之诉讼应分别据第 44 条、第 51 条所涉公开之日起一年内向法院提起。(n)

第 8 章　专利所有人之权利及专利权侵权

71. 专利权之权能

71.1　专利权人享有以下专有权：

(a) 专利权之客体为产品，则专利权人有权限制、禁止及阻止任何未经授权的第三人或是组织制造、使用、许诺销售、销售或是进口该产品；

(b) 如果该客体系方法，则专利权人有权限制、禁止及阻止任何未经授权的第三人或是组织使用该方法，以及制造、交易、使用、销售或许诺销售或进口直接或间接由该方法所得之产品。

71.2　专利所有人有权转让或是通过继承转移其专利，并有权签订专利许可合同。(R. A. NO. 165a 第 37 条)

72. 专利权之限制

专利权所有人无权禁止未经授权的第三人或组织在以下情况下实施第 71 条所规定的行为：

72.1　使用已投入国内市场的产品专利产品，该专利产品是专利所有人或经其明确同意而投放于本国市场的。

72.2　私人使用，该使用不具商业规模亦不具商业目的，如果该使用未对专利所有人的经济利益造成重要损害。

72.3　仅为科学试验研究之目的对专利发明进行制造和使用。

72.4 在药房或是医药专业人员根据医药处方进行个别情况下的药品调剂行为,或是与该药品调制的相关行为。

72.5 任何临时或偶然进入本国领土范围的其他国家的客船、货船、航空器、陆上交通工具上使用了该专利发明,如果该使用只局限为其本身所需,并非用以制造将来在菲律宾国销售的产品。(R. A. NO. 165a 第 38、39 条)

73. 在先使用权

73.1 尽管有第 72 条规定,任何在先使用者,在已经授予专利权的专利申请日或是优先权日之前,已经在其企业或是经营中,善意使用了该发明或是为使用而进行了一系列实质筹备,则其有权在本国领土内在原定范围内继续使用。

73.2 先用权只能和企业或是经营一并转让或是移转,或是与使用或准备实施所涉及的那部分企业或经营一并转让。(R. A. NO. 165a 第 40 条)

74. 政府使用

74.1 政府部门或是政府许可的第三人,在下列情况下亦可实施该发明,即使未与专利权人协议:

(a) 为了公共利益,特别是国家安全、营养、卫生或是其他部门的发展,如有必要,则应由适当的政府部门决定;

(b) 行政机关或是司法机关认定权利人或是其被许可方的专利实施手段是反竞争的行为,而对此作相应补救。

74.2 政府使用或是政府特许第三人的专利使用,第 95~97 条、第 100~102 条之规定作适当变更,亦得适用。(R. A. NO. 165a 第 41 条)

75. 保护范围以及权利要求之解释

75.1 专利权保护的范围由权利要求书决定,说明书和图片可用以解释其范围。

75.2 为了确定保护的范围，应当考虑与权利要求书中表明的要素等同的情况，即一项权利要求不仅覆盖已表明的全部技术要素，而且囊括那些等同的技术要素。（n）

76. 专利侵权之民事制裁

76.1 未经专利权人许可，擅自制造、使用、许诺销售、销售或进口专利产品或直接、间接由专利方法得到的产品，或是使用专利方法，则构成专利侵权。

76.2 任何专利所有人或是对此享有权利的人，在其权利被侵害后，可以向有管辖权法院提起侵权诉讼，要求侵权人赔偿其所造成的损害，外加律师代理费和诉讼的其他花费，并可申请禁令以保护其权利。

76.3 如果损害不明显或是不能确切合理地查明，法院可判决通过支付权利人一笔相当于合理的技术使用费的金额以赔偿损失。

76.4 法院根据案件具体情况，可以判决赔偿高于受害人实际损失的赔偿金，但是最高赔偿金不得超过实际损失的三倍。

76.5 法院可依自由裁量，下令在不予任何补偿情况下，将侵权商品、原材料或是主要用于实施侵权行为工具设备排除出商业渠道或是下令销毁。

76.6 任何积极引诱他人实施专利侵权的人或向侵权人提供专利产品的组件或是由专利方法生产的产品，且明知其所提供的物件实质上不可能用于非侵权性质使用，而将特地用以侵犯专利发明，则应作为间接侵权人并与直接侵权人共同或分别承担侵权责任。(R. A. NO. 165a 第 42 条)

77. 外国人提起之侵权诉讼

任何符合本法第 3 条规定的外国公民或法人，未在菲律宾国实施商业活动，其已被授予专利或是专利受让人，则可以提起专利侵权之诉，不论其根据现有法律规定是否被允许在我国内进行业务活动。(R. A. NO. 165a 第 41 条 A)

78. 方法专利及其举证

如果专利客体系制造某产品的方法，则任何新的或是与专利方法所得的产品实质相似的同一产品应推定为是使用该专利方法而得到的，尽管专利所有人尽其所能也无法确定是否使用了该专利方法。被告为了证明其产品之获得是使用了不同于专利方法之其他方法而披露的生产或营业秘密，法院应采取措施尽可能地保护。(n)

79. 损害赔偿之限制

侵权诉讼提起之日前的四年以前的损失，应丧失要求赔偿的权利。(R. A. NO. 165 第 43 条)

80. 损害及专利声明

在侵权人知道或有理由应该知道该专利存在前所实施的侵权行为造成的损害不能要求赔偿。如果向公众提供的专利产品或是其包装或容器上，或是在专利产品或专利方法广告资料已标有"菲律宾专利"字样及其专利号，则法律推定侵权人已经知道该专利存在。(R. A. NO. 165a 第 44 条)

81. 专利侵权之抗辩

在专利侵权诉讼中，除了其他抗辩理由外，被告还可以依本法第 61 条所规定的提起专利撤销申请的理由来证明该专利权无效或是权利要求无效，从而抗辩。(R. A. NO. 165 第 45 条)

82. 无效专利之撤销

在专利侵权诉讼中，如果法院发现专利权或是某项权利要求无效，则在该范围内撤销。根据法院送达的终局的撤销决定，本局法务部长官应该将该事实登记备案，并在本局公报上公开。（R. A. NO. 165a 第 46 条）

83. 侵权诉讼之技术顾问

83.1 法院应该指派两名或两名以上技术顾问，技术顾问应具有本专利诉讼关涉领域的相关科学技术知识。任意一方皆可以对拟指派的技术顾问之适格性提出异议。

83.2 每名技术顾问皆有权获得相应报酬，该报酬金额由法院确定并由原告预付，原告胜诉时，该报酬作为诉讼费用一部分向被告要求赔偿。（R. A. NO. 165a 第 47 条）

84. 累犯之刑事制裁

法院判决侵权人侵权成立终结生效后，如果侵权人再次侵权或纵容他人侵权的，则在不影响民事损害赔偿的同时将对其科以刑事责任，根据判决可处不少于六个月、不超过三年的监禁，或处以不少于十万比索、不多于三十万比索的罚金，具体刑罚根据法院的自由裁量决定。本条中犯罪行为应界定在初次侵权实施之日起三年内再犯之行为。（R. A. NO. 165a 第 48 条）

第 9 章　专利自愿许可

85. 自愿许可协议

为鼓励技术转移与传播，控制及阻止可能造成知识产权滥用

进而限制竞争及贸易的特定行为和情形，所有技术转让协议均须遵守本章规则。（n）

86. 许可费争端之管辖权

文献技术移转部长官可以对技术转让协议当事人之间因技术移转费用所生争端的处理行使准司法管辖权，有权对技术移转费用确定合适之数额或比例。（n）

87. 禁止条款

除了第91条规定的情况外，协议中若有以下内容的条款则认为是限制竞争及贸易行为的初步证据：

87.1 课以被许可方以义务，要求被许可方从特定渠道获取生产资料、中间产品、原材料及其他技术，或是要求其永久任用许可方指定之人员。

87.2 根据合同条款，许可方保留对许可产品的销售或是转售价格确定的权利。

87.3 合同条款对被许可人的生产规模和产品生产结构进行限定。

87.4 在普通许可（非独占）协议中，合同条款规定禁止被许可方使用与许可的技术有竞争性的技术。

87.5 旨在建立一个全部或部分有利于许可方的购买选择权的合同条款。

87.6 合同条款课以被许可方以义务，要求被许可人将根据被许可技术而作出的改进发明或新发明无偿移转给许可方。

87.7 要求被许可方对未使用专利亦得支付使用费的合同条款。

87.8 阻止被许可人出口被许可产品的合同条款，但是为了保护许可人的合法利益，如出口到那些已经由许可方授予独占权的国家或地区，或那些国家或地区已投放有授权产品除外。

87.9 限制被许可方在技术转移协议期满后对所提供的技术的使用,除非是该技术移转协议之提前解约是归因于被许可人之行为。

87.10 在协议期满或是解约后仍要求对方为该专利或是其他工业产权支付使用费。

87.11 要求受让方不得对被许可的专利的有效性提出质疑。

87.12 限制受让方为吸收受让技术使之适应当地条件而进行的开发研究活动,或是与新产品、方法或设备相关的新的研究开发活动。

87.13 阻止被许可人采纳进口技术以适应当地条件,或是引进革新,只要其不损害许可方所规定的质量标准。

87.14 合同条款免除了许可方主要责任,如根据技术转移协议的主要义务的不履行的责任或是因许可产品或许可技术之使用在第三人提起的诉讼中许可人的责任。

87.15 其他产生相当效果之合同条款。(R. A. NO. 165a 第33条C2)

88. 强制性规定

在自愿许可协议中应该包含以下规则:

88.1 菲律宾国法之解释应依其法律本身进行,如果当事人发生争讼,管辖地应是被许可方总部所在地之有管辖权法院。

88.2 在技术转移协议的有效期内,允许对该技术的技巧和方法不断改进。

88.3 所签订的技术转移合同,应当包含仲裁条款,仲裁规则可以是根据《菲律宾仲裁法》(ALP)或是《联合国贸易法委员会(UNCITRAL)仲裁规则》或者是《国际商会(ICC)调解与仲裁规则》,仲裁地应该是菲律宾或是任何其他中立国。

88.4 关于技术转移协议全部款项的菲国税务由许可方承

担。(n)

89. 许可方权利

如无其他相反的协议,该授权许可并不阻止许可方再许可第三人实施或是自己实施该许可的技术。(R. A. NO. 165a 第 33 条 C1)

90. 被许可方权利

在协议有效期内,被许可方有权实施转让协议所涉技术。

91. 例外情况

在特殊的或是有价值的情形下,如能够产生巨大经济效益,如包含高科技内容,或是在外汇收入、增加就业、地区性工业技术的传播、对当地原材料的利用或是更新换代方面有巨大促进作用,或是投资委员会、已注册之具先驱地位的公司企业由文献、信息技术转移部先评估后再批准情况下,则可以对上述规定享有豁免权。(n)

92. 文献、信息技术转移部之非注册

符合本法第 86 条、第 87 条规定的技术转移协议无须在文献信息技术移转处登记注册,任何不符合第 87 条、第 88 条规定的技术转移协议,将导致协议自始无效,除非该协议是根据第 91 条规定的例外情形而已由文献信息技术移转处核准并注册。(n)

第 10 章　强制许可

93. 强制许可之理由

即使未获得权利人同意，法务部长官在以下情况，可以授权那些已表明其具有实施能力之人实施该专利：

93.1　全国紧急状态或是其他极端紧急情况时。

93.2　在公共利益方面，特别是国家安全、营养卫生，或是经相应政府部门决定为了国民经济中至关重要的其他部门的发展。

93.3　司法或是行政机关已经认定专利所有人或其授权人的专利实施是限制竞争及贸易的。

93.4　为公共目的的非商业使用的。

93.5　专利发明能够充分实施，但是没有正当理由而未在菲律宾以商业规模实施；专利产品的进口亦构成上述意义上的专利实施或使用。(R. A. NO. 165a 第 34 条，34A、34B)

94. 强制许可申请之期限

94.1　专利申请日起四年内或是专利权授予之日起三年内，不得根据第 93 条第 5 款之规定提出强制许可申请。

94.2　专利权授予后，若根据第 93 条第 2 款、第 93 条第 3 款、第 93 条第 4 款、第 97 条的规定提起强制许可的申请，并无时间限制。(R. A. NO. 165 第 34 条 [1])

95. 以合理的商业条款获得许可之条件

95.1　该许可只适用于申请者已为获得许可而付出相当的努力，以合理的商业条款向专利权人寻求许可，但是在合理期限内此种努力并未成功获得授权。

95.2 本法第 95 条第 1 款所规定的条件在以下情况下不适用：

(a) 强制许可的申请是作为对在司法或行政程序确定的是限制竞争的行为的一种补救手段；

(b) 在全国紧急状态或是其他非常情况下；

(c) 为公共目的的非商业利用。

95.3 在全国紧急状态下或是其他非常情况的强制许可，应合理可行的尽快通知权利人。

95.4 政府或是承办方，在专利的公共非商业利用的情况下，在未进行专利权检索情况下亦知道或是有证据证明应该知道政府现在或将来要使用的专利是有效的，则应该及时向权利人通知。

96. 关涉半导体技术之强制许可

强制许可关涉半导体技术时，该许可只能限定在公共的非商业使用或是作为司法或行政机关认定的限制竞争的行为的补救手段。(n)

97. 依存专利之强制许可

如果专利权所保护的发明，此处被称为"第二专利"，如不侵犯另一在先申请的或是享有优先权日并获授权的专利权，此处被称为"第一专利"，就不能在本国内实施，则在该专利得以实施的必要范围内，可以对其实施专利强制许可，其中第二专利得符合以下条件：

97.1 相比"第一专利"而言，"第二专利"所主张的发明是一项重大的技术进步，具有重大的经济效益。

97.2 "第一专利"所有人应有权按合理商业条款取得"第二专利"所覆盖的发明的交叉许可。

97.3 "第一专利"的许可不能单独转让，除非是与第二专利所涉及的发明一并转让。

97.4 其符合本法第 95～96 条、第 98～100 条的条款。(R. A. NO. 165a 第 34 条 C)

98. 请求书之形式及内容

强制许可申请书应该以书面形式递呈，由申请人核实并附上相应申请费，请求书应包括有申请人及被申请人姓名和地址，强制许可所寻求专利的专利号、专利权授予日、专利权人姓名、发明名称，强制许可所依据的法定理由，以及促使申请人提出申请的根本事实，及其所欲寻求的救济。(R. A. NO. 165a 第 34 条 D)

99. 听证之公告

99.1 法务部长官对已受理之申请，应立即通知专利权所有人及其他已在本局备案并对本专利或发明享有授权、许可或其他任何权利或利益者，并告知其听证日期。根据本法第 33 条之规定委任的境内代理人或代表人，亦属于本条规定通知对象的范围。

99.2 每个案件的通告都应该由本局公开，在广泛发行的报纸上每周一次连续公告三周，并在本局公报上公开一次，公开的印刷费由申请人承担。(R. A. NO. 165 第 34 条 E)

100. 强制许可之条款

强制许可的许可费由法务部长官确定，强制许可应该符合以下基本条件：

100.1 该强制许可的范围和期限应该限制在授权之目的范围内。

100.2 该强制许可是非独占性许可。

100.3 该强制许可不得转让，除非其与实施该专利发明的企业或经营一并转让。

100.4 强制许可对专利的利用应主要供国内市场所需，倘若由于权利人之专利实施被行政或司法程序确认为是限制竞争及贸易的行为，而强制许可的实施是作为一种补救手段，则本规则不再适用。

100.5 如果能证明强制许可所依据的客观情况已不存在且再发生的可能性不大，则该强制许可的效力应该终止，但被许可方的合法利益应尽量保护。

100.6 对于强制许可，专利权人有权以授权的专利权的经济价值为基础获得足够报酬，但是专利权人的专利实施被行政或司法机关认定为限制竞争及贸易的行为，为匡正该限制竞争及贸易的行为而授予强制许可时，则确定一定金额的报酬。(R. A. NO. 165a 第35条B)

101. 强制许可之修正、撤销及放弃

101.1 根据专利权人或被许可方的请求，如有合适证据证明出现了新的事实或情况需要修正的，法务部长官则可以对该强制许可的决定作相应修正。

101.2 根据权利人的请求，法务部于下列情形可以撤销强制许可：

(a) 强制许可所依据的客观情况已不存在并且不大可能再次发生；

(b) 如被许可方既未开始提供本土市场的需要亦未作实质性的筹备；

(c) 如被许可方未遵守强制许可的条款。

101.3 许可方可向本局提出书面声明，将该强制许可放弃。

101.4 法务部长官应将强制许可之修正、放弃及撤销之事宜予以备案，并向专利权人及被许可人通知，并在本局公报上公开。(R. A. NO. 165a 第35条D)

102. 被许可人之免责

任何人根据本章规定获得强制许可而实施专利产品的，不管是物质的专利产品还是由专利方法获得的产品，都无须承担侵权责任；但是，如是自愿许可的，则要求无证据证明其与检查官有共谋。这不损害其他合法权利所有人要求检查官处返还其依许可协议收受的使用费的权利。(R. A. NO. 165a 第 35 条 E)

第 11 章 权利的转让与转移

103. 权利转让

103.1 专利及与专利、发明相关的申请应该和其他财产权一样受民法保护。

103.2 发明及其包含的相关权利、权属及权益，可以通过继承、遗赠或协议转移或转让。(R. A. NO. 165a 第 50 条)

104. 发明权转让

专利和发明上的全部权利、权属及权益可以转让，或是通过转让使当事人成为共有人，而对该专利和发明享有不可分割的权利。此移让应该限定在特定领域内。(R. A. NO. 165 第 51 条)

105. 转让之形式

转让应呈书面形式，并应由公证人公正，或是其他主管官员提供证明或是公正手续，该证明应由公证处或是主管官员加盖公章并签名。(R. A. NO. 165 第 52 条)

106. 记录备案

106.1 任何依规定形式向本局呈递的,有关专利和发明及专利和发明的申请上的权利、权属及权益的转移所涉的转让协议、许可协议及其他文书,都应在本局登记簿或是记录册上登记备案。原件应该与已签字副本都应该登记归档,其所涉内容应该保密。如果不能提供原件,则可以提交经正式鉴定的副本予以归档。在记录备案时,本局应该留存其副本,而将原件或经正式鉴定的副本返还备案人,该备案公告应在本局公报上公开。

106.2 未经公告,如其未经提前通知并支付合理对价,该文书不能对抗二手买方或是抵押权人,除非自文书签订日起三个月内就在本局备案,或是二手买方或是抵押权人之前已备案。(R. A. NO. 165a 第 53 条)

107. 共有人之权利

如果两人或是两人以上共有一项专利和其所包含的发明,要么是以其共同名义发放的专利证书,要么由于权利转让而对该专利和发明享有不可分割之权益,要么是通过继承享有权利,每个共有人皆有权为了自己的利益亲自制造、使用、销售或是进口该发明。但任何共有人不得在未获得其他共有人同意的情况下或是未合理的将收益按比例分配给其他共有人情况下,而擅自实施专利许可或是将其自己享有的那部分权利、权属及权益转让予第三人。(R. A. NO. 165 第 54 条)

第 12 章　实用新型注册

108. 专利规则之准用

108.1　根据本法第 109 条之规定，在专利方面的规则作适当之变更，对实用新型登记亦得适用。

108.2　在本法第 29 条所涉情况下，申请专利的权利与申请实用新型注册之间发生冲突时，只要其"专利"的用语替换为"专利或是实用新型注册"，则该规则亦得适用。（R. A. NO. 165a 第 55 条）

109. 实用新型注册之特殊规则

109.1　(a) 若该发明具备新颖性和工业实用性，申请人则可提出实用新型注册请求。

(b) 第 21 条"可专利的发明"的规定应适用，但是不作为"创作高度"保护之条件；

109.2　第 43～49 条，不适用于申请实用新型注册。

109.3　实用新型注册期限届满后不得续展，权利期限从申请日起七年届满。

109.4　在第 61 条、第 64 条规定下，实用新型注册应该被撤销：

（a）所涉发明无资格注册为实用新型，其不具备可注册的条件，特别是不具备第 109 条第 1 款、第 22 条、第 23 条、第 24 条、第 27 条所规定的要件；

（b）说明书和权利要求不符合规定条件；

（c）未提供必要附图以了解该发明；

（d）实用新型注册所有人并非发明人或是其权利继承人。

(R. A. NO. 165a 第 55～57 条)

110. 专利申请或实用新型注册申请之转换

110.1 在专利申请被驳回或授予之前任何时候，专利申请人可在交纳相应的费用后申请将之转换为实用新型注册申请，其申请日确定为原专利申请日。每项申请只能进行该转换一次。

110.2 在实用新型登记被驳回或授予之前任何时候，实用新型注册的申请人在交纳相关费用后，可申请将之转换为专利申请，其申请日确定为原实用新型申请日。（R. A. NO. 165a 第 58 条）

111. 并行申请之禁止

对于同一主题的，同一申请人不能既提出实用新型登记申请又提出专利申请，不论这两项申请是同时提出还是连续提出。(R. A. NO. 165a 第 59 条)

第 13 章　工业外观设计以及集成电路布图设计

（注：本章全部内容由共和国法案 NO. 9150 修订，于 2001 年 8 月 6 日被批准）

112. 相关术语

112.1 "工业外观设计"指由线条、颜色或是三维立体形式与线条、颜色结合所组成之设计，只要该设计或形式呈现出一种独特的外观并能作为工业产品或手工艺的式样而使用。

112.2 "集成电路"指一种产品，在其最终形式或中间形态，是将数个元件，其中至少有一个系有源元件，和部分或全部互连集成在一块材料之中或之上，以执行某种电子功能。

112.3 "布图设计"，即拓扑图，是集成电路中数个元件，其中至少有一有源元件，和其全部或部分集成互连之三维配置，或是为集成电路的制造而准备的此种三维配置。

113. 受保护之实质条件

113.1 只有新型的或独创性的工业外观设计才能受本法保护。

113.2 工业外观设计实质上只是基于技术或功能角度的考虑而获得技术效果，或其违反公共秩序、公共健康或道德的，不受本法保护。

113.3 只有原创性的集成电路布图设计才受本法保护。布图设计如果是由于创造人智力努力而获得的成果，且在其创作时在布图设计（拓扑图）创作者和集成电路制造者中不是常规的设计，则视为具有原创性。

113.4 由常规的多个元件和互连组合而成的布图设计，只有在其组合作为一个整体具有原创性时，才应受本法保护。

114. 申请书要素

114.1 任何一项外观设计或布图设计注册申请皆应该包含以下要素：

（a）外观设计或布图设计注册之请求书；

（b）识别申请人的相关信息；

（c）指明其申请工业外观设计或布图设计将应用的产品或手工制品所属种类；

（d）通过绘图、照片或其他合适图示对该工业外观设计或布图设计所应用的产品或手工制品进行描述，要清晰完整地披露所要求保护的特征；

（e）设计人的姓名和地址，如果申请人不是设计人，则要求提交证明其申请外观设计注册的权利来源的声明。

114.2 在申请时应该提交包含该外观设计或布图设计的物件之样品，并交纳相应的费用。

115. 一项申请关联数个工业外观设计

同一项申请中可以包含两个或多个工业外观设计，如果这些外观设计在国际分类中隶属于同一子类或是其作为成套商品或组合商品之统一体。（n）

116. 审查

116.1 申请日应为本局收到完备之申请的日期，完备的申请应包括能确定申请人的资料，以及对包含有工业外观设计或布图设计的商品的描述或图形表示。

116.2 如该申请不符合条件，则第114条具体规定的所有要素都已满足或是已更正的日期为申请日，若未在规定时间内补正，则该申请视为撤回。

116.3 在申请日确定后，并按时交纳相应的费用后，申请人应在规定的时间内满足第114条所规定的要求，否则该申请视为撤回。

116.4 本局应审查该工业外观设计或是布图设计的申请是否符合本法第112条（定义）和第113条（受保护之本质条件）所规定的条件。

117. 注册

117.1 本局若认为其申请符合本法第113条规定的条件，则令其工业外观设计或集成电路布图设计注册生效，并且发放相应的注册证书；否则驳回注册申请。

117.2 工业外观设计和集成电路布图设计的注册证书的形式及内容由细则规定，并且在所有情况下皆应该标明创造人姓名和地址。

117.3 该注册应该在细则规定期限内以规定形式公开。

117.4 工业外观设计或布图设计的所有人或其代理人的身份的任何变更，如已提供相关证据，则本局应将此变更在登记册中备案。变更登记申请人应交纳相应的费用，否则其变更登记的申请视为未提起。在这种情况下，原所有人或代理人仍系本法的权利义务承受人。

117.5 任何人都可以在本局登记册中查阅工业外观设计或集成电路布图设计注册文件，并可提起撤销之诉。

118. 工业外观设计及集成电路布图设计注册之有效期

118.1 工业外观设计注册从申请日起有效期为五年。

118.2 工业外观设计注册，交纳续展费后可续展，每次续展为五年期限，但连续续展不得超过两次。

118.3 续展费应在注册期限届满前十二个月内交纳，但在期限届满后在交纳相应的附加费用后，可享有六个月的宽限期。

118.4 续展费、附加费及有关注册续展备案的其他要求由细则规定。

118.5 布图设计登记的权利保护期一般为十年，并不可续展，有效期自集成电路布图设计保护开始之日起算。依本法布图设计保护之开始即为：

（a）经权利持有人或经其同意之人在世界上任何地点对布图设计进行首次商业开发之日，只要其向知识产权局提交的注册申请是其首次商业开发之日起的两年期限内提起的，或；

（b）若布图设计注册申请的申请日前尚未在世界上任何地点进行过商业开发，则从布图设计注册申请之申请日起开始保护。

119. 其他章节之准用

119.1 下列有关专利的规定，作相应的变更后，对工业外观设计注册亦适用：

第 21 条　新颖性；

第 24 条　现有技术；即任何印刷物或实物形式所披露的信息；

第 25 条　无损害的公开；

第 28 条　申请专利的权利；

第 29 条　先申请原则；

第 30 条　委托及雇佣发明；

第 31 条　优先权；如果工业外观设计注册的申请是从国外申请中最早申请日起六个月内提交的；

第 33 条　专利代理人的委任；

第 51 条　专利申请的驳回；

第 56～60 条　专利之放弃、更正及变更；

第 7 章　申请专利的权利之救济；

第 8 章　专利人之权利及专利侵权；

第 11 章　权利的转让及转移。

119.2　如果工业外观设计的核心要素是从他人创造中获得的，但未得到他人同意，则不得依本章要求保护以对抗受害方。

119.3　下列规定有关专利的规定，作相应变更后，对集成电路布图设计注册亦得适用：

第 28 条　申请专利的权利；

第 29 条　先申请原则；

第 30 条　委托及雇佣发明；

第 33 条　代理人的委任；

第 56 条　专利权的放弃；

第 57 条　本局自行更正；

第 58 条　申请人的申请更正；

第 59 条　专利权的变更；

第 60 条　更正形式及公开；

第 7 章　申请专利之权利之补救；

第 8 章　专利权人之权利及专利侵权；以此处所规定之布图设计权利及其限制为主；

第 10 章　强制许可；

第 11 章　权利之转让及转移。

119.4　集成电路的布图设计登记权利人之权利

集成电路布图设计注册所有人，应享有下列权利：

（a）复制本法所保护的布图设计之全部或其任何部分，无论是否将其结合到集成电路之中，但复制布图设计中不符合原创性要求的任何部分除外；

（b）为商业目的销售或者以其他方式发行本法所保护的布图设计或者其中含有受保护的布图设计的集成电路或包含此布图设计的商品。

119.5　布图设计权之限制

在以下情况下，权利人无权阻止第三人以商业目的复制、出售或是以其他方式发行已注册的布图设计：

（a）为私人目的或为评价、分析、研究或教学之目的而复制已注册的集成电路布图设计；

（b）所实施行为的客体是在上述评估分析基础上创作出的能受本章保护的明显不同的其他布图设计；

（c）所实施的行为是有关已注册的布图设计或是结合了该布图设计的集成电路，而其由权利持有人或是经其许可已投入市场；

（d）某人实施或是指挥他人实施的行为涉及该集成电路，但其获得该集成电路时或是包含该集成电路的产品时，并不知道且无理由知道其非法复制本法保护的布图设计。但是该行为人被合理告知其使用的布图设计系违法复制所得，则上述行为人只能就其现有的存货或先前订货实施，并应该向布图设计权利人支付一笔合理的使用费，金额至少相当于其销售净值的5%，或是依自由谈判应支付的合理使用费；

(e) 所实施的行为是关涉同一布图设计，但是该布图设计是原创所得，其由第三人独立创作而得。

120. 工业外观设计及布图设计注册之撤销

120.1 任何人在工业外观设计注册有效期内的任何时间，支付相应的费用后，可以基于以下理由向法务部申请撤销：

(a) 如果该工业外观设计不符合第112条和第113条所规定的注册条件；

(b) 如果该工业外观设计并非新型的设计；

(c) 如果该工业外观设计已超过原先申请提起时包含的内容。

120.2 如果申请工业外观设计撤销只涉及其中一部分，则该撤销效力只在该所涉范围内成立，对于工业外观设计受撤销影响之特性的变化形式，该限制规定同样适用。

120.3 任何利害关系人可以基于以下理由申请撤销集成电路布图设计注册：

(a) 该集成电路布图设计根据本法是不受保护的；

(b) 权利持有人依本法是不能获得保护的；

(c) 该集成电路布图设计注册申请并非是在其世界上任何地方首次商业利用起两年内提出的。

若布图设计的撤销只涉及其中一部分的，则撤销效力只及于该部分。

任何布图设计的全部或是部分撤销，则视为其自始无效，并在本局记录册中予以注销，该布图设计撤销的相关事项应于本局公报中公开。

第三编 商标、服务商标及商号法

121. 定义

本部分将在以下意义上使用下列术语：

121.1 "商标"是指能够将不同企业的商品（商品商标）和服务（服务商标）区分开来的可视性标记，亦包括有戳记或标记之商品容器。

121.2 "集体商标"是任何注册所有人指定将其申请注册，并在其控制下供数家企业使用的，能将使用该商标的企业的商品和服务之来源或其他共同特征，包括此数家企业的商品或服务的质量，与非使用该商标的企业区别开来的可视性标记。（R. A. NO. 166a 第 40 条）

121.3 "商号"是指区分或识别不同的企业的名称或是标记。（R. A. NO. 166a 第 38 条）

121.4 "部"系指商标部。

121.5 "长官"系指商标部长官。

121.6 "细则"系指由知识产权局局长核准，由商标局长官制定的有关商品商标和服务商标的实施细则。

121.7 "审查员"是指商标审查员。（R. A. NO. 166a 第 37 条）

122. 商标权之获得

商标权可根据本法规定取得有效注册而获得。（R. A. NO. 166a 第 2 条 A）

123. 商标可注册之范围

123.1 以下标志不得注册为商标：

（a）含有不道德、欺骗性或是诽谤性的内容，或包含的内容可能贬损他人，包括死者及逝者，或机构、宗教信仰或国家象征，或是虚假地暗示其与上述对象有关联，或是有毁损或玷污之虞的，不得注册；

（b）含有菲律宾国国旗、国徽、军旗或是其他标志，或与本国政府机构或是外国之此类标记相同或相似的，不得注册；

（c）包含有能识别特定生者之姓名、肖像或签名，除非是经其书面许可的，否则不得注册，使用本国已逝总统的姓名、签名或肖像的，在其遗孀有生之年非经过其书面同意不得注册；

（d）与其他所有人拥有的已注册商标相同，或与在先申请或优先权日前申请的商标相同，涉及以下情况的不得注册：

（i）在相同商品或是服务上使用的；

（ii）在类似商品或是服务上使用的；

（iii）如果该相似标志有欺诈或引起混淆之虞的。

（e）与本国主管部门认定具国际知名度且在菲国亦知名的商标相同或是混淆地类似，或是仅进行翻译的，则不管该驰名商标是否已在菲国注册，只要其是非申请注册人外的他人所有之商标，且该商标在相同或相似的商品或服务上使用。确定是否为驰名商标，应考虑相关受众的认识，而非考虑全体公众之认识，该商标在菲国之盛誉包括该商标在菲国的推销所获名气；

（f）与上段所涉及的驰名商标相同或是混淆地类似，或是对之翻译，若该商标已在菲国注册，其使用的商品或服务范围与正在进行的申请的商标使用范围不相似，倘若申请人在相关商品或服务上使用，会使人认为其与已注册之驰名商标之商品或服务有关联，或与注册所有人相联系的；如果此种使用对已注册商标有损害之虞的；

(g) 可能会误导公众，特别是在商品或服务的性质、质量、特征或地理来源方面有误导公众之虞的；

(h) 属于商品或服务的通用的、用以识别其自身的专用标志；

(i) 已构成日常用语中或在贸易活动中依诚信使用的术语，成为指称某商品或服务的通用的或普遍的专用标志或参数；

(j) 已成为在贸易中用来指明商品或提供的服务的种类、质量、数量、用途、价值、原产地、商品生产或服务提供的时间及指称其他商品或服务的特征的专用标志或参数；

(k) 构成因商品性质本身或是为取得技术效果所必需的形状，或是形成商品实质性价值的形状；

(l) 仅由颜色组成，除非其由一给定形式予以界定；

(m) 违反公共秩序和道德。

123.2 在上述（j）（k）（l）中提及的标志或图案，如因其在本国进行商业使用，使得其在申请注册的相应商品上获得显著性，则应允许注册。如申请人在贸易中于相应商品或服务上使用该商标，并证明其使用具相当的独占性，并于主张显著性前的五年内持续使用的，此为该标志已经具有获得显著性的初步证据，本局应该接受。

123.3 商标使用所涉商品的性质不构成商标注册之障碍。(R. A. NO. 166a 第 4 条)

124. 商标注册申请之条件

124.1 商标注册的申请应以菲律宾文或英文呈递，并包含以下要素：

(a) 商标注册申请的请求；

(b) 申请人姓名及地址；

(c) 申请人的国籍或是其住所所在国家，或是申请人有真实有效的工业或营业实体的国家的名称；

（d）若申请人为法人，则提供法人组建和存在的法律依据；

（e）代理人或代表的委任，如果申请人于菲国内无住所；

（f）申请人主张优先权的，则需有该主张的表示：

（i）先前申请提起所向的国家局的国家名称，如其并非向国家局提起申请，则提供该局名称；

（ii）先前申请提起的日期；

（iii）先前申请的申请号，若其能提供之。

（g）若申请人主张颜色作为其显著性特征，则应提出相应声明并说明其主张所涉颜色的名称，及该商标主要着色部分所用的每种颜色的说明；

（h）如果该商标是三维形式，则需要进行说明；

（i）根据细则规定的商品本身的一份或多份复制品；

（j）提供细则所规定的商标本身或是商标某些部分的音译或是意译；

（k）申请注册的商品及服务名称，按尼斯分类的类别分组并按该分类的类别顺序排列，每组之前标明该组商品或服务所属的尼斯分类类别编号；

（l）由申请人或其代理人签字或其他身份证明方式。

124.2 申请人或是注册人应依细则规定在申请日起三年内，提交商标实际使用的声明及相应证明，否则驳回其商标申请或由长官注销。

124.3 一项商标申请可以关联多项商品或服务，不管其根据《商标注册用商品和服务国际分类尼斯协定》（以下简称《尼斯分类》）是属于同一类商品或服务还是数类商品或服务。

124.4 在商标申请审查过程中，若本局有合理的事实根据，质疑申请的表示或要素的真实性时，则要求该申请人提交足够证据以消除。（R. A. NO. 166a 第5条）

125. 代理及送达地址

如果申请人在菲律宾境内无住所或无真实有效的商业机构，则其应向本局提交书面文件，指定本国居民的姓名和地址，向其送达影响商标诉讼的通知或处理过程。此类通知或服务应向最后文件中指定人的地址送达，如无法送达该指定人，则向商标部长官送达。(R. A. NO. 166a 第 3 条)

126. 放弃

本局应该允许或要求申请人放弃本可注册商标的不可注册部分，但是该放弃不得损害或影响申请人或所有人已有的或放弃后的权利；如果其放弃之部分日后在申请人或所有人的商品、营业或服务上具有显著性的，亦不损害申请人所有人在后申请的权利。(R. A. NO. 166a 第 13 条)

127. 申请日

127.1　申请日之要件

商标主管机关收到以菲律宾文或英文呈递的以下说明或要素之日期，为其商标申请日：

(a) 明确或隐含的申请商标注册的表示；

(b) 申请人身份；

(c) 申请人的详细联系信息，如有代理人，则应提供代理人的联系信息；

(d) 申请注册之商标的一份复制件；

(e) 申请注册的相关商品和服务的清单。

127.2　在交纳相应费用之前，申请日不得确定之。(n)

128. 一项商标申请关联多类别之商品或服务

属于《尼斯分类》中多个类别的商品或服务在一项申请中提

出申请注册的，该申请应按同一项注册办理。（n）

129. 分案申请

任何一项申请关联多种商品或服务的（谓"原申请"），可以由申请人分割为两项或是多项申请（谓"分申请"），分别载列于"原申请"申请的商品或服务，各项"分申请"应保留原申请之申请日或享有优先权日。（n）

130. 签名或其他身份证明手段

130.1　凡需签名处，本局皆应接受以下形式：

（a）手写签名，或；

（b）以手写签名以外形式签名，如采用印制签名或是盖章签名，或是采用印章替代手写签名，如采用印章，则应附有使用印章的签名人的字母标示的姓名的相关说明。

130.2　根据细则规定的条件和要求，通过传真或是电子手段传送文件的，本局应接受。当以传真方式呈递文件时，则要求在传真纸上印出签名或是签章，如果使用印章，要求有使用印章的自然人的字母标识的姓名；原文件应在收到传真之日起三十日内向本局呈递。

130.3　以上所涉的需要签名处，对签名或其他身份证明手段不需要出具证明、公正、认证、法律认可或是其他证据，除非是在放弃注册时使用签名。（n）

131. 优先权

131.1　本法第 3 条所涉之人向本国提起的商标注册之申请，其先前就该商标在国外提起过商标注册之申请，则其在本国之商标申请日则认定为其在国外首次申请之申请日。

131.2　本条中申请人提起的商标注册申请，只有该商标在申请人原籍国已注册，才可在菲国获得注册。

131.3 本条并不赋权使注册商标所有人起诉那些注册前的本国非实施行为,尽管如此,若其系第 123 条第 1 款第(e)项所界定非驰名商标所有人,即使其未在菲国注册,亦可对抗相同的或是具混淆性相似的商标,有权对抗其商标抢注,或是提起撤销的愿请,或是提起反不正当竞争之诉,并有权依法获得相应救济。

131.4 以相同的方式并遵照同样的条件和要求,本条所赋予的优先权,可以是基于在国外的同一国家提起在后申请而获得。但是,如果任何在该后续申请之前的国外申请已经放弃、撤回或已作其他处理的,且未进行公开供公共查阅也未产生任何显著权利,不能用以主张优先权,此后亦不得依此主张。(R. A. NO. 166a 第 37 条)

132. 申请号及申请日

132.1 本局应该审查该申请是否满足第 127 条以及细则所规定的申请日确定的条件,如果不符合则应通知申请人,令其在规定的期限内将之补充完整或作相应更正,否则视为申请撤回。

132.2 若该申请满足第 127 条的规定要件,则按顺序将之编号,并通知申请人其申请号,而其申请日则认定为已放弃。(n)

133. 审查与公开

133.1 若该申请满足第 127 条规定的要求,则本局应该审查该申请是否符合第 124 条的规定要件,以及第 121 条所界定的商标是否满足第 123 条规定的可注册性。

133.2 如果本局认定其满足第 133 条第 1 款规定的要件,应要求其交纳相应费用,该商标申请事宜应以规定方式公开。

133.3 如果经审查发现不符合注册条件,则应通知申请人其理由,申请人有权在四个月内回应或对申请文件进行更正,然后进行再审查。重新审查或恢复申请的程序，及向长官申诉任何审查员的终局决定的程序，由细则规定。

133.4　一项已放弃的申请可以恢复为待决申请，若从申请放弃日起三个月内提起恢复之请求，应说明恢复申请的理由且交纳相应费用。

133.5　商标部长官驳回申请的终局裁决可以根据细则的程序规定，向知识产权局局长申诉。（R. A. NO. 166a 第 7 条）

134. 异议

任何人若认为商标注册损害了其合法利益，则在交纳相应的费用后在第133条第2款所涉的公开之日起三十日内提起对该商标申请的异议。异议应以书面形式呈递，由异议人或知道事实的利益相关人核实，并提交详细的异议理由及所依据的事实的声明。国外注册的商标证书的复制本以及异议中提及的其他证明文件应该一并附上，如其非英文件，则应该提交英译本。如果有合理的理由，并且交纳了相应的附加费，提交异议的申请期限向主管申请延长，并将该延长的事宜公告。提起异议的最长期限由细则规定。（R. A. NO. 165a 第 8 条）

135. 公告与听证

根据提起的异议，本局应将该异议的提起以告知申请人，并向申请人、异议人以及已在本局中备案的对本商标的申请享有权利、权益及权能之人，告知其听证日期。　（R. A. NO. 165a 第 9 条）

136. 注册证书之发放及公开

异议期届满或法务部长官已驳回相关异议，在相应费用已交纳的情况下，本局应发放注册证书，并在本局公报上公开。（R. A. NO. 165 第 10 条）

137. 商标注册及向所有人或受让人发放证书

137.1 本局应设登记册以载列注册商标，按照其注册的顺序排列，以及根据本法要求记录的每份商标上的所有相关事宜亦得记录。

137.2 商标注册时应包含一份商标复制件，并应提及：其序号、注册所有人的姓名及地址，如果注册所有人地址在国外，则写明其国内送达地址；商标的申请日和注册日；如果主张了优先权的，则对其主张予以说明，以及申请号、申请日及申请的国家，以及该申请所注册的商品或服务的分类，以及其分类的清单和各分类的相应说明，以及其他细则不时规定的信息。

137.3 如果将所有人变更的转让协议已在本局备案的，则可向申请人之受让人发放商标注册证书。在所有人变更情况下，本局应要求提供所有人或代理人、新所有人或代理人已签名的书面请求，且提供合理的证据，并在缴纳相应的费用后，向受让人发放以受让人之名的注册证书，该证书在原期限的未届满范围内有效。

137.4 任何地址或注册所有人制定的送达地址的变更，本局应进行记录。

137.5 本法中无其他相反的规定的，本法要求完成的向注册所有人的送达应按其最后备案地址，按最后备案的送达地址亦同。（R.A.NO.166a 第19条）

138. 注册证书

商标注册证书是其注册有效，注册人具有商标所有权，以及注册人享有的在证书中列明的商品或服务上使用的专有权的初步证据。（R.A.NO.165 第20条）

139. 注册商标之公开与查阅

139.1 本局应依细则规定的形式在规定期限内将注册的商标公开,按注册的顺序排列,并复制第137条第2款所涉详细内容。

139.2 在本局注册的商标可以供公众免费查阅,并且公众可付费获得其复制件,该规则同样适用于任何注册商标的交易的记录。(n)

140. 登记人之撤销申请及注册之更正或放弃

本局允许申请人放弃或撤销其申请,对此撤销本局应作记录并以合适的方式公共查阅。经注册人的申请,并已交纳相应的费用,本局若认为其理由合适,则允许其对注册中不改变该商标的特征的事项进行更改或放弃。本局应该对注册证书的变更作适当记录并供公共查阅,如果该证书已遗失或毁损,则以已证明的副本为之。(R. A. NO. 166 第14条)

141. 作为证据之盖章或证明之副本

本局所作任何有关商标的记录、书籍、文件或绘图的复制件,以及注册事项的复制件,只要是加盖本局公章,并由行政、财政及人事部长官或其授权的职员签名证明的,在所有需要原件作为证据的情况中,此种复制件即可作为证据;任何人通过申请并交纳相应的费用即后获得该复制件。(n)

142. 本局之自行更正

本局工作失误导致本局公开记录中的注册有重要错误的,本局应在不缴纳费用的情况下,发放证书以说明该错误的事实及其性质,并将此记录在册,注册证书应附随其更正证书的印刷件。该已更正注册证书与原证书有相同的法律效力,或是由行政、财政及人事部长官的自由裁量，免费发放新注册证书。所有更正注册证书的发放皆应依细则规定进行，只要该证书及其发放是依本法进行的，则附有更正件的证书具有同样法律效力。(n)

143. 申请人申请更正

如果该错误是由于申请人的疏忽，并非其恶意所致，则在其交纳相应的费用后可以申请从本局获得更正证书，但是该更正不得涉及那些需要重新公开的内容。(n)

144. 商品或服务之分类

144.1 每项商标注册，以及本局涉及每项商标注册和涉及商品或服务的任何一项申请或注册的公告，皆应注明商品或服务的名称，其按《尼斯分类》的类别分组，并按该分类的类别的顺序排序，且每组商品或服务之前应该标明该组分属的《尼斯分类》的类别编号。

144.2 商品或服务，不因商标主管机关在其任何注册或公告中将它们列在《尼斯分类》的同一类别之下而视之为相似，也不因其列在不同种类别下而视其为不相似。(R. A. NO. 166a 第6条)

145. 有效期

商标注册证书的有效期为十年，如注册登记人应提交实际使用的宣告与证据，或是提交存在的阻碍实际使用的障碍等合理原因，根据细则规定在商标注册日起五年届满后的一年内提交，否则本局将注销该商标。(R. A. NO. 166a 第12条)

146. 商标续展

146.1 商标注册证书在其期限届满后可以提出续展，并交纳相应的费用，每次续展的有效期亦为十年，申请续展的请求应该包含以下内容：

（a）续展申请的表示；

（b）注册人或是权利继受人（谓"权利持有人"）的姓名及地址；

（c）所涉的商标注册的注册号；

（d）商标注册的申请日；

（e）权利持有人有代理人的，该代理人的姓名地址；

（f）申请续展的记录在案的商品或服务的名称或未申请续展的记录在案的商品或服务的名称，按《尼斯分类》类别分组，并按分类的类别序号排列，每组商品或服务之前应标明该组所属的《尼斯分类》的类别编号；

（g）权利持有人或其代理人的签名。

146.2　商标续展请求应该以菲律宾文或英文呈递，在发放的证书或已续展过的证书期限届满前六个月内提起，如果该提起期限届满未提出的话，交纳相应的费用后，可在期限届满后的六个月内还可以提起。

146.3　如果续展申请被驳回，则应该通知申请人并说明理由。

146.4　续展申请人在菲国无住所的，则根据本法有关规定操作。（R. A. NO. 166a 第 15 条）

147. 商标权

147.1　注册商标所有人有权阻止第三人未经其同意在贸易中使用与商标相同的或是近似的标志或是将该标志贴附在商品或服务的包装容器上，而该使用可能会引起混淆的。若在相同类别的商品或服务上使用与之相同或相似的标志的，则推定为存在混淆性。

147.2　依第 123 条第 1 款第（e）项所认定的在菲国注册的驰名商标的所有人，其商标专有权的保护范围延伸至与之不相似的商品或服务上，只要该使用会使人以为其商品或服务与驰名商标所有人有关联，且驰名商标注册商标所有人可能会因此受到损害的。(n)

148. 第三人之非商标性使用

商标所有人无权禁止他人善意使用其姓名、地址、化名、地理名称或是为指示有关商品或服务的种类、质量、用途、价值或是地理来源，或是关于生产商品或提供服务的时间而进行的使用。只要该使用旨在身份确认或资讯表达方面，而不得在商品或服务来源上有误导公众之嫌。(n)

149. 申请及注册的转让与转移

149.1 商标注册的申请或注册可以与使用该商标的营业一并转让或是转移，也可单独转让或是转移。

149.2 该转让或转移如果有误导公众之嫌，特别是使用该商标的商品或服务的性质、来源、生产过程、特征、用途适宜性等方面有误导公众之虞的，则该转让或转移无效。

149.3 商标注册申请的转让或已注册的商标的转让，应以书面形式为之，并由双方当事人签名，因合并或是其他形式的转授进行权利移转的，则需法定的证明材料。

149.4 在交纳相应的登记费后，商标注册的转移和转让应在本局登记备案；注册申请的转移和转让在缴纳相同登记费后也应在本局暂时备案，商标获得注册后，证书应以受让人之名或是以继受人之名。

149.5 转移和转让未经登记备案不得对抗第三人。(R. A. NO. 166a 第 31 条)

150. 许可协议

150.1 任何商标注册或是商标注册申请的许可合同，许可方应对被许可人商标使用的商品或服务的质量进行有效的控制。如果该许可合同不能提供质量保证，或是该质量保证得不到有效实施，则许可合同无效。

150.2　许可合同应该向本局提交以登记，本局应对合同内容保密，仅将其以参考性资料公开。在登记完成之前，许可协议不能对抗第三人。许可合同登记的程序由细则规定。(n)

151. 撤销

151.1　撤销注册商标的申请应向法务部提起，任何人只要认为注册商标损害或是将要损害其合法利益的，皆可以根据本法以下规定提起该申请：

（a）该申请应在依本法授予注册的注册日起五年内提起；

（b）任何时候，若该注册商标已变为商品或服务的通用名称或是通用名称的一部分，或已经放弃，或是通过欺诈获得注册的，或是违反本法规定，或是在注册人或是经其许可的使用中，虚假表示其使用的商品或服务的来源或相关信息。如果注册商标变成其注册所涉商品或服务的类别中一部分类别的通用名称，则在该撤销申请仅限于该部分，注册商标不仅仅因为其被当做一种名称以识别某特定商品或服务而变成通用名称。该注册商标是否变成商品或服务的通用名称或是相关通用称谓，取决于该注册商标在相关受众心中的根本意义，而不取决于购买者动机；

（c）如果注册商标所有人无法定原因，而未在菲国内使用或未通过协议许可他人使用的，而该商标的不使用状态不间断地持续了三年或更长的时间。

151.2　尽管有前述规定，法院或行政机关对注册商标权利执行方面的诉讼有听证和判决的管辖权，并有权根据本法裁决是否撤销该注册商标。向有管辖权法院或行政机关提起有关执行注册商标权利的诉讼后，随后提起的有关该注册商标撤销的诉讼，先前受理法院或行政机关有权排除其他法院或行政机关该案的管辖权。另者，先前向法务部提起注册商标撤销申请对本案并不生影响，但该撤销申请必须在该注册商标执行的诉讼裁决之前解决。(R. A. NO. 166a 第 17 条)

152. 商标不使用之申辩

152.1 在不使用商标的情况下可以申辩其是由于出现了商标所有人意志以外的原因而致，但是缺少资金实施不属于此处的合理申辩。

152.2 商标未以注册的形式使用的，但未改变其显著性特征，则不构成商标撤销和注销的原因，也不得因此削弱保护。

152.3 商标在其注册所涉类别组中的一种或多种商品或服务上使用的，则可以阻止对其他未使用商标的本类别的其他商品或服务上的商标撤销。

152.4 与注册人或申请人关联的公司对商标的使用应归为申请人或注册人的商标使用，该使用并不影响该商标的有效性也不影响商标的注册，只要该商标的使用非以欺骗公众的形式。如果在注册人或是申请人的控制下的而进行的商标使用，在保证了商品或服务的性质和质量的前提下，其归为注册人或申请人的商标使用。(n)

153. 请求提起之条件、通知与听证

在适用可能范围内，商标撤销请求应按第 134 条规定之形式提起，通知与听证则依第 135 条规定为之。

154. 注册商标之撤销

若法务部认定其撤销的理由成立，则应命令撤销该商标的注册，该决定或命令为终局生效时，注册登记人及申请人所享有权利一概终止，该通知与撤销事宜一并在知识产权局公报上公开。(R. A. NO. 166a 第 19 条)

155. 侵权与救济

任何人未经权利所有人的许可实施以下行为的,则构成商标侵权:

155.1 在贸易中商品或服务的销售、许诺销售、发行以及广告中,包括为实施商品或服务销售的必要筹备,其使用的商标是复制、仿冒或是冒充注册商标,或其包装或其主要特征的,而该使用易造成混淆或引起误解,或具有欺骗性的。

155.2 复制、仿冒或冒充注册商标或其主要特征,在贸易中商品或服务的销售、许诺销售、发行或广告中的标签、记号、印刷物、包装、装潢、容器或广告中使用的,而该使用可能造成混淆或引起误解,或是具有欺骗性的,则注册人有权提起民事侵权诉讼要求损害赔偿。第 155 条第 1 款和本分款中所涉的各种行为实施时即构成侵权,不管该使用侵权物的商品或服务是否有实际销售活动。(R. A. NO. 166a 第 22 条)

156. 诉讼、损害赔偿及禁令

156.1 注册商标所有人有权从任何侵权人处获得损害赔偿,其所受损害的确定,或是若无被告的侵权原告本应获得的合理的利润,或是被告侵权的实际所得,在损害难以合理确定时,法院则根据被告的销售总额或其使用侵权商标或商号的商品或服务的价值,确定合理的百分比来判给原告赔偿金。(R. A. NO. 166a 第 23 条,第 1 部分)

156.2 经原告的申请,法院可在提起的诉讼未决期间,下令扣押侵权人的销售发票及其他证明销售的文件。

156.3 有相应证据证明有确切故意去误导公众或欺骗原告的,法院可以自由裁量,判决被告双倍损害赔偿金。(R. A. NO. 166a 第 23 条,第 1 部分)

156.4 原告如有足够的证据,可以向法院申请禁令。(R. A.

NO.166a 第23条，第2部分）

157. 法院有权命令销毁侵权物

157.1 依本法提起的任何诉讼，侵犯注册商标所有人的权利的行为若成立，则法院可以依法命令，在不给予任何补偿的情况下将将侵权商品排除出商业渠道，致其不再损害权利人的权利，或是将其销毁，被告所占有的包含有原告注册商标或是商号的内容的所有标签、标志、印刷物、包装、装潢及广告，以及被告侵权用的模具、制版等其他工具亦应予以缴获并销毁。

157.2 对于假冒商品，仅仅去除附着在商品上的商标是不够的，除非是在细则规定的例外的情况下才允许该商品继续投放于商业渠道。（R. A. NO.166a 第24条）

158. 损害及声明之要求

在任何侵权诉讼中，注册商标所有人无权要求恢复原状或是要求获得损害赔偿，除非行为人明知其行为有可能造成混淆或是构成欺诈。如果原告使用"注册商标"的字样，或是标有®记号以表示其为注册商标的，或是被告以其他方式确知其为注册商标的，则可以推定其对商标的使用有前述认知。（R. A. NO.166a 第21条）

159. 侵权诉讼之限制

即使本法有其他条文的规定，受侵害人在获得救济时受以下限制：

159.1 尽管有第155条的规定，注册商标不得对抗商标注册申请日或优先权日之前，依善意在其营业或企业中的任何使用；但是该权利仅得与其企业或营业或是使用该商标的那部分企业或营业一并转移或转让。

159.2 在业务中仅从事为他人印制商标或是其他侵权物之

行为的无辜侵权人,权利人仅有权要求颁发禁令规范侵权人将来的印制行为。

159.3 如被诉之侵权包含在报纸、杂志或类似期刊,或电子通讯物中的付费广告中,或为该付费广告的一部分,则权利人获得救济以对抗报纸、杂志或其他类似期刊或其他电子通讯物的出版人或发行人的权利,仅限于申请颁发禁令,以规范包含该问题广告的报纸、杂志或类似期刊将来的发行,或是其他电子资讯将来的传播。本段的限制性规定只适用于善意侵权人,若含有侵权内容的报纸、杂志或是类似期刊或电子通讯物是以合理的商业手段发行或出版的,而限制其个别的包含侵权内容的报纸、杂志或是类似期刊或电子通讯物会延误该杂志期刊的发行或电子通讯物的传播,则权利人不得要求颁发禁令,也不得要求限制令或禁令采用任何方法或手段阻止或延误其发行。(n)

160. 外国法人提起之商标权执行诉讼

任何外国自然人或法人只要符合本法第 3 条的规定,在菲国境内未实施商业活动,亦可提起有关商标的异议、撤销、侵权、不正当竞争,或虚假原产地或虚假说明的民事诉讼和行政诉讼,不管其根据现存法能否在菲国内从事该商业活动。(R. A. NO. 166a 第 21 条 A)

161. 商标权之确权

任何关涉注册商标的诉讼中,法院可以裁决商标注册之权利,命令撤销注册商标的全部或是部分,并可在诉讼中替换注册所有人。法院被证明的裁判或命令应向商标部长官送达,长官应该在本局管领的记录簿上作合适备案,并妥善保管之。(R. A. NO. 166a 第 25 条)

162. 对虚假或欺诈性陈述提起诉讼

任何人在向商标局提起的材料中，不管是口头还是书面的，有虚假陈述或是欺诈性陈述或说明，或以其他欺诈方式取得注册的，受害人提起侵权诉讼的，则虚假陈述人应赔偿其遭受的损失。（R. A. NO. 166a 第 26 条）

163. 法院管辖权

第 150 条、第 155 条、第 164 条、第 166 条至第 169 条规定下的诉讼提起，应该依现有法向有管辖权法院提起。（R. A. NO. 166 第 27 条）

164. 向长官通知诉讼之提起

对任何依本法提起的有关注册商标的诉讼或程序，法院书记员有义务在起诉后一个月内以书面形式向商标部长官通知，内容包括：当事人的姓名、地址以及登记编号，并在进入审判或提起上诉后的一个月内通知商标部，商标部应签署上述登记文件，并将此次诉讼资料归入档案。（n）

165. 商号或营业名称

165.1 若其性质或其使用是违法秩序或道德，特别是其在商业活动中使用在企业上具有欺骗性，则该标志和牌号不得用做商号。

165.2 （a）不管其他法律法规对注册的商号规定何种义务，这些商号仍受本法保护，可对抗任何第三人之违法行为，即使在其注册前或是未经注册亦同；

（b）尤其是第三人的对该商号的随后使用，不管是将其用做商号或是商标或是集体商标的，或近似的商号或商标的此类使用，只要其有产生混淆误导公众之虞的，则认定为非法。

165.3　第153条、第156条、第166条、第167条的规定所提供的救济，作相应变更，亦得适用。

165.4　商号所有权的任何变更应该与企业或是营业的一部分一并移转，第149条第2款至第149条第4款的规定，作相应的变更，亦得适用。

166. 含侵权商标或商号之商品

任何进口商品，复制或模仿本土产品、本地制造商或经销商的名称，或是复制、模仿已按本法注册之商标，或是贴附商标、商号旨在诱使公众相信其商品为菲国制造或是其他国家或地区制造，而非其实际生产国家或地区，则此类商品不得进入菲国境内的任何海关。为了便于海关官员更好地执行该禁令，依本法的权利人可以依海关征收员经财政部部长批准后制定的条例，将其姓名、地址及其产品制造地的名称，以及其商标或商号注册证书之副本在海关总署设置的登记册上备案，以及可以向总署提供其姓名、产品制造地名称或是其注册商标或商号的传真件，海关征收员应该制作一份或多份副本，提供给各个海关征收员或是海关总署其他相关官员。（R. A. NO. 166 第35条）

167. 集体商标

167.1　将法条中"商标"一词替换为"集体商标"，第167条第2款、第167条第3款、第122～164条以及第166条的规定，对集体商标亦适用。

167.2　（a）在申请集体商标注册时，应该指明其为集体商标，并附上有关集体商标的使用管理的规章，若有此规章的话；

（b）有关（a）段所涉的规章的任何事项的更改事宜，集体商标注册所有人应向主管通知。

167.3　除了第149条所规定的理由外，若撤销该集体商标的申请人能够证明该集体商标仅为注册所有人一人使用，或是其使用以及许可使用违背了第 166 条第 2 款所涉的协议或在贸易中的商品或服务的来源地以及其他通常特征上欺骗公众的，则法院可撤销。

167.4　集体商标注册或申请不得依合同转让。(R. A. NO. 166a 第 40 条)

168. 不正当竞争、权利、规则及救济

168.1　一人生产的商品或销售的商品在公众心目中已能与其他商品或服务识分开来，不管其使用的是否使用注册商标，都对其商品经营或服务上所确立的良好商誉享有财产性权利，应与其他财产权受到同等保护。

168.2　任何人采用欺骗或是其他违反诚信原则的手段，仿冒他人制造或经销的已建立起良好商誉的商品、业务或服务，或故意实施其他产生相同后果的行为的，则构成不正当竞争，权利人可提起不正当竞争之诉。

168.3　反不正当竞争的保护范围无特别限制，尤其是以下的行为将构成不正当竞争：

（a）任何人所销售的商品采用其他生产商或销售商的外观，不管是商品本身还是其包装容器，或是在其上所使用的文字、图案或其他外观特征，只要是其可能诱使消费者误信其供销的商品或服务为其他生产商或是销售商的商品的，而非其实际厂商或销售者，或是以此外观包装其商品来欺骗公众，或是欺诈他人误信其为合法贸易，或其他在后的生产商或是代理商以相同目的销售此类商品的；

（b）任何人通过诡计、策略或是采用其他手段故意使他人误信其所提供的服务是已建立在公众心目中的服务的；

（c）任何人在贸易中以虚假的陈述或是实施其他的违反诚信原则的行为，对他人的商品、经营或服务进行诋毁的。

168.4　第 156 条、第 157 条、第 161 条所提供的救济，作

相应的变更，可适用之。(R. A. NO.166a 第 29 条)

169. 虚假原产地标志、虚假说明和陈述

169.1　任何人在贸易中任何商品或服务上或其包装容器上使用文字、术语、名称、标志或图案，或是上述之组合，或任何虚假原产地标志，或是对事实作虚假的或引人误解的说明或陈述的，且：

（a）易造成混淆，或是引起误解，或是欺诈，诱使公众误认其商品、服务或是其商业活动与他人有隶属、关联或联盟的关系，或其商品或服务来源于其他原产地、或其商业活动系经他人赞助或批准；

（b）在商业广告或促销中，虚假表示其自己的或是他人的商品或服务，或是商业行为的性质、特征、质量、原产地的，任何人认为其已经或将要受到侵害的，根据本法第 156 条和第 157 条的规定，则可提起民事侵权诉讼要求损害赔偿或要求颁发禁令。

169.2　任何违反本条的规定贴附商标或是标签的商品则不得向菲国进口输入，或是不允许其进入菲国之任何海关。如被拒绝入关或被没收，商品所有人、进口人或收货人，可根据本条规定依海关征收法提起申诉，或是依法获得相应救济。(R. A. NO.166a 第 30 条)

170. 刑罚

除了民事和行政处罚之外，对违反第 155 条、第 168 条、第 169 条第 1 款的所涉行为可处二年至五年的监禁以及并处五万比索至二十万比索的罚金。(修订后刑法第 188 条、第 189 条)

第四编　版权法

第1章　一般规定

171. 相关术语

本法将在以下意义上使用下列术语：

171.1 "作者"指创作作品的自然人。

171.2 "集体作品"是指由两人或两人以上的自然人创作而得的作品，其创作由他人发起和指挥，并达成协议以后者名义发表，但不认明创作的自然人。

171.3 "向公众传播"是指通过有线或无线等方式向公众提供作品，使公众在其选定的时间和地点接触该作品。

171.4 "计算机"是一个具有信息处理功能的电子装置或类似的装置，"计算机软件"是指由词语、代码或是方案或其他形式组成的一系列指令，其通过媒介将之结合能够被计算机读取和操作，使计算机执行或实现某一特定任务或结果。

171.5 "公共借阅"是由公共机构，如公共图书馆或档案馆，在限时间内不以营利为目的，转让作品或录音作品的原件或复制件的占有。

171.6 "公开表演"，如是视听作品之外的作品，则是指对该作品的朗诵、演奏、舞蹈表演、扮演或以其他方式的表演，无论是直接表演还是借助于任何装置或手段；如是视听作品，是呈现其连续性画面同时播放其伴音；如是声音制品，是指在某一或某些场所，家庭或家庭最亲密的数人组成的正常社交圈以外的人可出席的,不管其是否在同一地点同一时间出席还是不同时间不同地点出席,将录制之声音再现,此种表演不需要采用第 171 条第 3 款所涉传播方式就能被感知。

171.7 "已出版作品"是指经作者同意,以有线或是无线等方式向公众提供以使其可以在选定时间和地点内获得的作品;且依作品的性质,其提供的作品复制品的数量足够满足公众的合理需求。

171.8 "出租"是指以营利目的,在有限时间内,转移作品或声音制品的原件或复制件的占有。

171.9 "复制"是指以任何方法和形式,制作一份或多份作品和声音制品的复制件。

171.10 "实用艺术作品"是指是一个有实用功能或是用于实用物品中的艺术创作,无论是手工艺品还是工业产品。

171.11 "政府作品"是菲国政府机构或是其分支部门,包括国家所有或控制的公司,其官员或职员在其职责范围内所创造的作品。

第 2 章 原创作品

172. 文学和艺术作品

172.1 文学和艺术作品,以下称为"作品",是指在文学和艺术领域内的原创的智力创作成果,从其创作开始便受本法保护,尤其包括:

(a) 书籍、小册子、文章及其他作品;

(b) 期刊和报纸;

(c) 讲座、布道、演说、为口头传达准备的论稿,不论其在书面形式或其他形式中内容是否有所缩减;

（d）信件；

（e）戏剧或音乐剧作品，编舞作品或哑剧作品；

（f）配词或不配词的音乐作曲；

（g）绘画、油画、建筑、雕塑、雕刻、拓印或其他艺术作品；艺术作品的模型或设计；

（h）用于产品制造的原创的装饰性设计或模型，不论其注册为工业外观设计与否，以及其他实用艺术作品；

（i）有关地理、地形、建筑或科学领域的插图、地图、图表、草图、轮廓图和三维立体作品；

（j）科学或技术性质的图纸或塑料作品；

（k）摄影作品，包括以类似摄影方法所产生的作品，幻灯片；

（l）视听作品和电影作品和以类似于电影或视听作品制作方法制作的作品；

（m）插图和广告；

（n）计算机软件；

（o）其他文学、学术、科学和艺术作品。

172.2 作品受保护的唯一的事实，就是他们的创作活动，不论他们表达的模式或形式，以及作品其内容，质量和目的。（P.D.NO.49a 第 2 条）

第 3 章 衍生作品

173. 衍生作品

173.1 下列衍生作品同样受版权法保护：

（a）对文学艺术作品的编剧、翻译、改编、节选、整理及其他形式的变样；

(b)文学作品、学术或艺术作品的集合，以及数据和其他材料的汇编，如果其内容选择或协调，或安排有其独创性的。(P. D. NO. 49 第 2 条 [P] [Q])

173.2 第173条第1款第（a）及（b）项所涉作品应作为新的作品得到保护，且这种新的作品不得影响其利用的原作品或其部分的已有版权，不得认为其对原作品享有任何权利，也不得认为原作品的版权得到巩固或扩展。(P. D. 49 第 8 条，TRIPs 协议第 10 款)

174. 已出版作品之版本

除了作者及其继承人或受让人授予的出版作品的权利外，出版者应享有复制权，其仅限于对其出版作品的版面布置的复制权。(n)

第 4 章　不受保护之作品

175. 未受保护之主题

纵有第172条和第173条规定了受保护的作品，但依本法，版权保护不延及任何理念、程序、系统方法或运作、概念、原理、发现或仅是数据本身，即使其被表达、阐释、举例说明或包含在作品中；每日新闻和其他各种仅为新闻信息的事实，或任何立法的、行政的或法律性质的官方文本，以及其官方译本。(n)

176. 政府作品

176.1 政府作品不存在版权，倘若由创造作品的政府部门或机构预先批准，可对该政府作品以营利为目的作必要的利用，尤其是该政府机构或部门可以要求其支付相应的版税。对成文法规、规章制度以及在法庭、行政机关、公共性质的审议会或集会上发表、朗诵、呈报的发言、讲座、布道、演说或论述的任何使用，都不需要预先批准。(P. D. NO. 49 第 9 条第 1 部分)

176.2 上述提及的发言、讲座、布道、演讲和论述的作者，享有对其作品集合出版的权利。(n)

176.3 终有前述规定，并不排除政府接受和持有通过转让、遗赠等方式获得的版权，也不排除政府不经版权所有人的同意，在公共文件中对有版权的或版权已失效的作品进行编辑并出版或再版，或授权他人使用或占用其作品。(P. D. NO. 49 第 9 条第 3 部分)

第 5 章 版权或经济权利

177. 版权或经济权利

根据第八章的规定，版权或经济权利包括实施、授权或阻止他人进行以下行为的专有权：

177.1 复制该作品或是该作品的实质部分。

177.2 编剧、翻译、改编、编辑、节选、整理或是对作品作其他形式的变更。

177.3 通过出售或其他转移所有权的方式将作品原件或复制件进行首次公开发行。

177.4 出租视听作品或影视作品、录音作品、计算机软件、数据以及其他材料汇编的作品及图像形式的音乐作品的原件或是其复制品。(n)

177.5 将作品原件或复制品公开展览。

177.6 对作品进行公开表演。

177.7 对作品以其他方式向公众传播。(P. D. NO. 49a 第 5 条)

第 6 章　版权所有权

178. 版权所有权之规则

版权所有权的确定按以下规则进行：

178.1　依本条规定，原创的文学艺术作品，其版权属于创作作者。

178.2　共同作者的情形中，合著作者是版权所有人，若无其他约定，按照共同共有的规则来操作。如果合作作品是可区分开来，能够明确其归属且可以独立使用的，则合著作者分别对其作品享有权利。

178.3　在雇佣期间作者创造作品之归属

（a）如果作品创作不是履行其日常职责，即使其占用工作时间，使用了雇主设施或材料，作品归雇员享有；

（b）如果该作品是为了履行其工作中指派的任务，则作品归雇主享有，除非是有例外的协议，不管是明示还是暗示的。

178.4　如果该作品是受雇主外的其他人的委托而创造而得，并且对方支付了相应费用的，则委托人对其作品享有所有权，但是版权仍属于作者，除非有相反的书面协议。

178.5　视听作品的版权属于制片人、剧本作者、音乐创作人、电影导演，以及改编作品的作者。但是除非这些创作人有相反的或其他的约定，制片人除了不能收取表演包含在视听作品中配词或不配词的音乐作品的表演许可费用外，可以在表现该作品的必需范围内以任何方式行使该作品的版权。

178.6　如果是信件，根据民法典第 723 条规定，版权应属于写信人。(P. D. NO. 49a 第 6 条)

179. 匿名及化名作品

依据本法之目的，对于匿名或是化名作品，除非是有相反的证据，或是根据化名或是其使用之名称可以确定作者身份的，或是匿名作者公开了其身份的，出版者可代为作者对其文章或其他作品行使版权。(P. D. NO. 49 第 7 条)

第 7 章 版权的转移和转让

180. 受让方权利

180.1 版权可以全部或部分转让，受让方在转让的范围内，以版权所有者的身份享有版权和救济。

180.2 除非有该转让表示的书面指示，否则生前版权的全部或部分不得认为发生转让。

180.3 向报刊、杂志或期刊投稿的文学作品、摄影或艺术作品，除非明示授权其享有更广泛的权利的，则仅视为许可其发行一次。如果是两人或是两人以上共同享有版权或是版权的一部分，任何权利人未征得其他权利人的书面同意的，不得实施该许可。

181. 版权及其载体

版权与版权载体的财产权要区分开来。因此，转让版权并不意味着转让版权载体。转让作品的一件或多件复制品也不意味着转让该作品的版权。(P. D. NO. 49 第 16 条)

182. 转让、许可协议之备案

版权转让或是独占性许可，皆应交纳相应的备案费用后，在国家图书馆处设置的登记册或记录簿上将其协议副本备案。登记备案后,应向其返回一份载列该登记事项的文书。该备案之通知应该在本局公报上公开。(P. D. NO. 49a 第 19 条)

183. 协会之选定

版权所有人或是权利继承人,可以指定艺术家协会、作家协会或作曲家协会代表权利持有人的利益执行其经济权利和精神权利。(P. D. NO. 49a 第 32 条)

第 8 章　版权之限制

184. 版权之限制

184.1　尽管有第 5 章的规定,以下行为不构成版权侵权:

(a) 只要作品是依法向公众开放的,私人免费对该作品进行朗诵或表演,或是仅仅由慈善的或宗教的机构或团体对该作品进行朗诵或表演;(P. D. NO. 49 第 10 条 [1])

(b) 对已出版作品进行引用,如果其符合合理使用的条件,且引用的数量和程度在其目的的合理范围内,包括引用报纸文章和报刊摘要形式的期刊杂志。但是,如原作品上有作者和出处,则应在文章中指明;(P. D. NO. 49 第 11 条第 3 部分)

(c) 对当前的政治、社会、经济、科学或宗教主题的文章、讲座、演说、布道及此类作品,通过大众媒体向公众传播或再现,如果其向公众传播仅仅以资讯传播为目的,且该作品作者没有明确的保留声明;但是在使用时应该标明其出处;(P. D. NO. 49 第 11 条)

(d) 将文学、科学或是艺术作品作为报道时事新闻的一部分在必要的范围内,通过摄影、电影或是广播的方式向公众传播或

再现；（P.D.NO.49 第 12 条）

（e）对出版物、广播节目或其他向公众传播的作品、录音制品或是电影进行影印，如果该影印是为了在教学中作为实例，且其使用符合合理使用；但是作品的来源以及作者的姓名在使用中应标明；

（f）中小学、大学或是教育机构对广播节目中的作品进行录制，以供其自身使用。但是此录制品必须在第一次播出后的合理时间内删除，而且不得对作为大众影院的故事片节目一部分的视听作品进行录制，但是其主要情节除外；

（g）广播组织通过自己的设备进行暂时的复制以供自己使用；

（h）在政府控制和指导下，或是国家图书馆、教育科技或是专业机构，为公共利益的目的并符合合理使用的情况下，对作品制作使用；

（i）在不收门票的公共场所，由某俱乐部或组织不以营利为目的，仅为慈善或教育目的公开表演或传播作品，只要其符合细则中所规定的限制条件的；

（j）不借助电影、幻灯片、电视图像或是其他荧屏，也不借助于其他设备或工具，将作品的原件或重制件公开展览；只要该作品是已经发行，或是展览的原件或是重制件已被出售或被抛弃，或是其权利继承人将其所有权转让给他人的；

（k）在司法程序中使用作品，或是法律从业者为提供专业意见书而使用作品的。

184.2 本条规定应该理解为，这些被允许的作品的使用必须是与作品的正常使用不相冲突，也不得不合理地损害权利人的法定利益。

185. 版权作品之合理使用

185.1 为批评、评论或新闻报道、教学，包括为课堂教学进行数份复制、学术、科研及类似目的，而对作品合理使用，则不构成版权侵权。反编译，此处应理解为对计算机软件编码进行复制和对其形式进行编译，以获得某一独立创作的软件与其他软件的交互性操作所必需的信息，亦为合理使用。任何特定的情形下对作品使用，确定其是否符合合理使用应该考虑以下因素：

（a）使用的目的和使用的特征，包括其使用是以商业为目的还是以非营利的教育为目的；

（b）被使用的版权作品的性质；

（c）使用部分的数量和实体内容，其作为一个整体与版权作品的关联度；

（d）该使用对版权作品的潜在市场或是其价值的影响。

185.2 如果已经考虑了上述各种因素，作品未出版这一事实本身并不构成阻止合理使用的原因。

186. 建筑作品

建筑作品的版权应包括控制某些建筑物的建造，如其复制建筑作品或是作品的实质部分而建造的，不管是作品的最初形式还是明显取自原形式的其他形式；但是该版权并包括控制该版权所关联的原建筑的重建或修缮的活动。(n)

187. 已出版作品之复制

187.1 尽管有第177条的规定，但根据第187条第2款的规定，私人对已出版作品制作单一复制件，若其由自然人制作并专供私人研究或是学习的，即使未获版权人之同意，该行为亦应被容许。

187.2 第187条第1款所涉之复制不含以下之复制：

（a）建筑物或是其他建筑形式的建筑作品；

（b）整本书或是其实质部分，或图形形式的音乐作品，采用复印方式的；

（c）数据或是其他材料的汇编物；

（d）计算机软件，除了第189条规定之外；

（e）任何作品，如其复制将不合理地与作品的正常使用相冲突，或将不合理地损害作者的法定利益。(n)

188. 图书馆之影印复印

188.1 尽管有第177条第6款的规定，任何图书馆或是档案馆以非营利目的，在版权所有人未授权的条件下，可以通过影印复制制作单件复制品：

（a）因作品易毁损或是数量过少，致使其原件不能供公众借阅的；

（b）包含在合著中的数个独立的文章，或其是其他已出版作品的简略部分，若此复制是为提供此类作品所必需的；对那些请求借阅的人是以研究学习目的，而非以出租该书籍或小册子为目的的，如果认为影印复制是临时所需的；

（c）如果原版本遗失、毁损或是不能使用的，制作复制件是为了版本保存、置换，或是其他类似图书馆或档案馆其永久馆藏中的原版本已遗失、毁损或是不能使用的，而该版本亦不能从出版商处获得，则为替换版本而制作复制件。

188.2 尽管有上述规定，不容许对以多卷本发行的一部作品、或期刊杂志及类似作品的缺失的卷册或缺页部分制作影印复制件，除非该作品已没有库存；每个依法有资格保存印刷作品的复制件的图书馆，有权在特殊原因出现且有必要时，如其为了馆藏之需而该作品已无库存，则可对已出版的作品进行复制。(P. D. NO. 49a 第13条)

189. 计算机软件之复制

189.1 尽管有第177条的规定，即使未获作者或其他版权所有人之授权，计算机软件合法所有人，对计算机软件进行复制

以制作一件备份或对之改写的行为应被容许,如果其复制和改写为以下的需要:

(a) 对计算机软件的使用是为与计算机配套使用的目的,且其使用范围限于其已获得的软件;

(b) 为存档备份,目的系置换其合法获得的软件,以备其软件遗失、毁损或是不能使用的。

189.2 本条所涉计算机软件的复制和改写,不得用于本条规定所限定的目的之外的其他目的,且任何此类计算机软件的复制和改写在其持续占有的合法性丧失后,应将之毁弃。

189.3 本条规则不影响第185条规定的相应适用。(n)

190. 私人用途之进口

190.1 尽管有第177条第6款的规定,但是根据第185条第2款的限制,即使未获作者或其他所有权人的授权,在以下情况,以个人或是以私人用途进口作品的复制件应容许:

(a) 该作品的复制件在本国不能获得:

(i) 每次进口之数量只能为一件,且仅供个人使用,或;

(ii) 官方为本国政府使用而进口;

(iii) 每份发票不得超过三件作品的复制件或类似物,其进口并非为销售的目的,其仅为依法成立的或是已注册的宗教性的、慈善性的或是教育性的协会或机构使用的,或是为了促进美术作品创作而使用,或是为了公立中小学、学院、大学或是本国免费公共图书馆使用。

(b) 在个人行李包中携带的这些复制品或是图书馆的这些复制件从国外带回并非为了销售,如果这些复制件数量不超过三件的话。

190.2 本条所容许进口的复制品,如果其使用危害了版权所有者的利益,或是取消或是限制了本法所赋予的法律保护,则该非法使用被认定为侵权,应被处罚之,其并不影响所有人诉讼权利的行使。

190.3 经财政部部长批准,关税委员会有权制定规章制度,制止本条规定的及菲国参加的国际公约和条约中所禁止的作品的进口,并有权扣押、没收或销毁已非法进口至本国的此类作品。(P. D. NO. 49 第 30 条)

第 9 章 交存与声明

191. 向国家图书馆和最高法院图书馆处之注册与交存

第 172 条第 1 款、第 172 条第 2 款、第 172 条第 3 款规定之作品,依版权所有人之支配进行首次大众传播后,应完成在国家图书馆和最高法院图书馆的注册,为此应在三周内,注册并交存该作品,可直接送交亦可通过挂号邮件,应按图书馆主管规定的形式提供两件完整的复制品或是重制件。图书馆收取相应的费用后,应向其发放交存证明书,版权所有人以其他法律向国家图书馆和最高法院图书馆附加的交存的额外义务,可免除之。若收到长官发布的要求交存的书面通知后三周内,未按时送交规定的缴本,或未交纳相关费用,版权所有人应交纳罚款,金额相当于其延误的每月必须费用,并向国家图书馆和最高法院图书馆支付该作品的最佳版本的零售价金额的费用。只有上述被提及的种类的作品应向国家图书馆和最高法院图书馆交存。(P. D. NO. 49a 第 26 条)

192. 版权声明

每件出版作品或是许诺销售的作品复制件,皆应含有一份声明,应载列版权人姓名、首次出版年份,且如果该作品的复制件是在作者去世后制作的,则应该标明作者去世的年份。(P. D. NO. 49a 第

27条)

第10章 精神权利

193. 精神权利范围

除了第177条规定的经济权利以及转让、许可方面的权利外，作者还享有以下独立权利：

193.1 主张作者身份，尤其是有关作品的公共使用时，有权要求在作品原件和复制件上尽可能显著地标明其姓名。

193.2 有权在作品出版前将作品作出改动，或是保留其作品的发行。

193.3 反对他人对其作品进行歪曲、篡改或是其他修改，或其他会损害其荣誉或声誉的贬损作品的行为。

193.4 阻止他人在那些并非其创作的作品上或是在其作品的歪曲版本上，署上作者姓名。(P. D. NO. 49第34条)

194. 特殊违约

作者不得被强制创作某作品或是出版其创作的作品以履行合同。但是作者赔应承担违约责任，赔偿对方因此所受损失。(P. D. NO. 49第35条)

195. 精神权利弃权

作者可以通过书面声明，放弃第193条规定的精神权利，但弃权之结果将导致允许他人有以下行为，则其弃权无效。

195.1 在其作品的任何版本或是改编本上，使用作者姓名或是其作品标题，或是利用作者声誉，并因其对作品所作变更将会严重损害另一作者的文学艺术声誉，或；

195.2 在非作者创作的作品上署上作者姓名。(P.D.NO.49 第36条)

196. 集体作品之贡献

如果作者对集体作品有贡献,则除非明确保留主张自己是贡献作者这一权利的,否则认定为弃权。(P.D.NO.49 第37条)

197. 作品之编辑、整理及改写

作者在许可或授权他人使用其作品的同时,若没有相反的约定,则为出版、广播、电影中使用、编剧或是机械的或电子复制,根据合理的惯常标准或是作品使用的媒介的要求,对该作品作必要的编辑、整理及改写不应视为违反本章赋予作者的权利。对于无条件移转的作品的完全破坏,亦不应认定为侵犯作者的权利。(P.D.NO.49 第38条)

198. 精神权利之期限

198.1 本章所规定的作者精神权利的期限为作者有生之年加去世后五十年,该权利不能转让亦不能许可。如指定一人或数人照管作者身后该权利的实施的,应将其姓名以书面形式向国家图书馆备案。若没有指定该人,则移交给作者任一继承人实施其权利,若无继承人的,则移交给国家图书馆长官。

198.2 依本条之意,"人"应包括任何自然人、合伙、公司、协会、社团。国家图书馆长官可以规定对本条中国家图书馆所提供的服务,收取一定的合理费用。(P.D.NO.49 第39条)

199. 执法救济

任何人侵犯本章所规定的权利的,指定的权利照管人享有与版权所有人一样的权利和救济。另外,根据民法典规定应获得的赔偿亦应恢复,作者去世后所有获得的赔偿金应保管并移交给作

者继承人，如果无继承人，则归入国库。(P. D. NO. 49 第 40 条)

第 11 章　转售提成权（后续权）

200. 作品出售或租借

作者对其作品首次处置后，随后对绘画、雕塑的原件、作家或作曲家的原始手稿的每次再出售或是租借的，作者或继承人享有参与分配其总收益的百分之五的不可转让的权利。该权利在作者有生之年及去世后五十年内有效。(P. D. NO. 49 第 31 条)

201. 未涵盖之作品

本章之规定不适用于印刷物、蚀刻版画、雕刻、实用艺术作品或是其他类似的作者主要从其复制件中获益的作品。(P. D. NO. 49 第 33 条)

第 12 章　表演者权、声音制品制作者权以及广播组织权

202. 定义

本法将在以下意义上使用以下术语：

202.1 "表演者"是指演员、歌手、音乐家、舞蹈家和其他表演、歌唱、演说、朗诵、演奏或是以其他方式表演文学或艺术作品的人。

202.2 "录音"是指将表演的声音，或是其他声音，或声音表现物进行录制固定，不包括结合在电影或是其他视听作品中

的固定。

202.3 "视听作品或是固定物"是指含有一系列关联图像的作品,其传达的是有伴音或无伴音之动态印象,使人能够获得视觉感知,如其有伴音,则使人能获得听觉感知。

202.4 "固定物"是指载有声音或声音表现物的载体,通过一定装置其能被感知、复制或传播。

202.5 "录音制品制作者"是提出动议,并对首次将表演的声音或其他声音以及声音表现物录制下来负有责任的自然人或法人。

202.6 "录制表演或是录音制品的发行"是指经权利持有人同意,将录制的表演或是录音制品的复制品向公众提供,而且应以合理的数量向公众提供。

202.7 "广播"是指以无线方式播送,使公众能够接收声音或是图像和声音的表现物;通过卫星的传播亦为"广播",如果广播组织或经其同意向公众提供解码手段的。

202.8 "广播组织"是指那些已获授权从事广播行业的自然人或是法人组织。

202.9 "向公众传播表演或录音制品"是指借助于除广播以外的任何媒介手段向公众播送表演的声音或是以录音制品录制的声音或声音表现物。依第 209 条规定,"向公众传播"也包括使公众感知到固定在录音制品中的声音或声音表现物。

203. 表演者权利

依第 212 条的规定,表演者有以下专有权:

203.1 表演者有权对其表演授权:

(a) 以广播或其他方式向公众传播其表演,及;

(b) 录制其尚未录制的表演。

203.2 表演者有权授权他人以任何方式或形式,对其录制的表演进行直接或间接地复制。

203.3　依第 206 条规定，表演者有权通过销售或是出租或其他转移所有权的形式，授权他人将固定在录音制品中的表演的原件或复制件进行首次公开发行。

203.4　表演者有权将其以录音制品录制的表演的原件或是复制件，授权他人向公众进行商业性出租，即使该原件或是复制件已由表演者或其授权已发行的。

203.5　表演者有权授权他人向公众提供以录音制品录制的表演，通过有线或无线方式，使得公众能在其个人选定的地点或时间能获得。（P. D. NO. 49a 第 42 条）

204. 表演者精神权利

204.1　除了表演者的经济权利以外，表演者对其现场有声表演或以录音制品录制的表演，有权主张其表演者身份，除非是因表演的使用方式决定了其可以省略不提表演者的，并有权反对任何人对其表演进行有辱其声名的歪曲、篡改或其他修改。

204.2　依第 203 条第 1 款赋予表演者的权利应该持续维持和行使，直至其去世后五十年止，身后则由其继承人行使其权利，若无继承人，则由政府行使。（P. D. NO. 49 第 43 条）

205. 权利之限制

205.1　根据第 206 条规定，一旦表演者对其表演授权他人广播或是录制，则第 203 条的规定不再适用。

205.2　本法第 184 条、第 185 条的规定，作适当变更，亦得适用于表演者。（n）

206. 后续传播或广播之额外报酬

除非合同中有另外规定，表演者的表演经广播组织首次广播或传播后，后续的每次广播和传播，表演者皆有权获得额外报酬，金额至少是其首次授权广播或传播所获报酬的百分之五。（n）

207. 契约条款

本章任何规定都不得作为剥夺表演者对其表演的使用签订对其有利的合同条款之能力的理由。(n)

第 13 章 录音制品制作者

208. 权利范围

根据第 212 条规定,录音制品制作者享有以下专有权:

208.1 录音制作者有权授权他人以任何方式或形式对其录音制品直接或间接地进行复制;有权授权他人将复制品投放于市场及向公众出租和出借。

208.2 录音作品制作者有权以销售、出租等其他所有权转让的方式授权他人对录音制品的原件或复制件进行首次公开发行。

208.3 录音制品制作者有权对其录音制品原件或复制件授权他人向公众进行商业性出租,即使该原件或复制件已由录音制品制作者发行或是根据其授权发行的。(P. D. NO. 49a 第 46 条)

209. 向公众传播

如果录音制品以商业目的而发行的,或制作一件复制件以直接用于广播或其他方式向公众传播的,或是为了赢利或促销目的公开表演该录音制品,则录音制品制作者和表演者有权要求使用者一次性支付一笔报酬,如果对报酬的分配没有协议规制的,则应由其均分。(P. D. NO. 49a 第 47 条)

210. 权利限制

第184条、第185条的规定，作相应变更，亦适用于录音制品制作者。(P. D. NO. 49a 第48条)

第14章　广播组织

211. 权利范围

依第212条的规定，广播组织有实施、授权或禁止以下行为的专有权：

211.1　转播其广播节目。

211.2　为在电视广播向公众传播其广播节目，而以任何方式录制其节目，包括制作电影或录像带。

211.3　为重新传播或重新录制而使用该录制品。(P. D. NO. 49 第52条)

第15章　保护之限制

212. 权利限制

第203条、第208条、第209条在以下情况下不适用：

212.1　自然人仅以私人目的的使用。

212.2　在时事报道中少许引用的。

212.3　仅为教育或科研目的的使用。

212.4　根据第185条的规定，对广播节目进行合理使用的。(P. D. NO. 49a 第44条)

第 16 章 保护期

213. 保护期

213.1 根据第 213 条第 2 款、第 213 条第 5 款的规定，第 172 条、第 173 条提及的版权作品的保护期限是其有生之年加上去世后五十年。该规则亦适用于遗作。(P. D. NO. 49a 第 21 条第 1 句)

213.2 若是共有作品，则其经济权利的期限为最后作者有生之年加其去世后五十年届满。(P. D. NO. 49a 第 21 条第 2 句)

213.3 如该作品是匿名或化名作品，则版权保护从首次合法发表之日起五十年有效；若一旦作者身份在期限届满前披露的，则适用第 213 条第 1 款、第 213 条第 2 款的规定；如果作品未发表，则保护其从其创作完成起五十年有效。(P. D. NO. 49 第 23 条)

213.4 实用艺术作品从其创作完成日起二十五年有效。(P. D. NO. 49a 第 24 条 B)

213.5 若是摄影作品，从其发表之日起五十年有效；若其未发表的，则从创作完成之日起五十年有效。(P. D. NO. 49a 第 24 条 C)

213.6 如是视听作品，包括那些类似摄制或制造视听作品或录音制品的方法的作品，保护期限从其发行之日起五十年有效；如未发行，则从其创作完成之日起五十年有效。(P. D. NO. 49a 第 24 条 C)

214. 保护期之计算

在作者死亡后的保护期是从作者死亡之日起或是发表之日起

计算，但是期限一般从作者死亡或从作品发表后的第二年的一月一日起算。(P. D. NO. 49 第 25 条)

215. 表演者、录音制品制作者以及广播组织权利保护期

215.1　表演者和录音作品作者的权利保护期限：

（a）如若表演并未录制成录制品，从表演发生之日起的年底起算五十年届满；

（b）声音或是图像以及包含有表演的声音制品的保护期，则从录制行为发生之日的年底起算五十年届满；

215.2　广播节目则从广播发生之日起二十年内有效。此扩大的期限只适用于那些旧法已赋予保护的作品。(P. D. NO. 49a 第 55 条)

第 17 章　版权侵权

216. 侵权救济

216.1　任何侵权人应负侵权责任：

（a）根据制止侵权的禁令，法院应下令要求被告停止侵权，尤其是在海关放行后，应立即阻止侵权之进口商品流入商业渠道；

（b）向版权所有人或其权利受让人或继承人赔偿其实际损失，包括律师费和其他因其侵权所生花费，及侵权人侵权所获利润；在举证侵权所得利润时，原告只需要证明其销售额，而被告则要求对其主张的成本的所有要素进行证明；或者由法院确定其损害赔偿额以代替实际损失和利润，法院确定的损害赔偿额应是合理的，且不得视其为罚金；

（c）经宣誓后，在诉讼未决期间，法院按其规定的条件，可

下令扣押销售发票或其他证据证明的其所有销售的被控侵权的商品及其包装,以及制造侵权物的工具;

(d) 经宣誓,法院可在不予任何补偿的情形下,下令将那些侵权复制和设备销毁,法院亦可下令将侵权用的模具、印版或其他侵权工具销毁;

(e) 其他此类条件,包括精神损害赔偿和惩罚性的损害赔偿,法院可以确定公平合理的损害赔偿金,并即使是在被告被无罪开释的情形下亦应将其侵权复制品销毁。

216.2 在侵权诉讼中,法院有权要求扣押和没收任何物件,若其能够充当诉讼之证据。(P.D.NO.49a 第 28 条)

217. 刑罚

217.1 任何人侵犯了第 4 章规定的权利,或帮助侵权或是教唆侵权的,应施以刑罚:

(a) 若首次侵权,则施以一年以上三年以下的监禁,并处罚金五万至十五万比索;

(b) 若第二次侵权,则施以三年零一天至六年以下的监禁,并处罚金十五万至五十万比索;

(c) 若第三次或是三次以上的侵权,则施以六年零一天至九年以下的监禁,并处以罚金五十万至一百五十万比索;

(d) 在所有案件中,若其破产的,仍得附带处以监禁。

217.2 法院在决定监禁期限和罚金金额时,应考虑被告制造或生产的侵权物的价值以及版权所有者因侵权所遭受的损失。

217.3 在作品版权存续期间,任何人所占有的物件含涉此版权,而其知道或应该知道该事实的,而为以下的目的持有的则为侵权:

(a) 出售、出租,或是通过贸易供销或展销或供租;

(b) 以商业目的或其他目的发行该物品,以致其损害版权所有人的权利;

(c) 在公共场所将其进行商业展览则构成版权侵权,应依上述规定对其处以监禁并处罚金。(P. D. NO. 49a 第 29 条)

218. 誓证

218.1 在本章涉及的诉讼中,任何作品或其他主题的版权所有人或其利益代表人可在公证处制作宣誓书以说明以下内容:

(a) 在某特定时间内该作品或其他主题上有版权存在;

(b) 某人系版权所有人;

(c) 所附作品或其他主题的复制品系真实的,应在本章所涉侵权诉讼中被采纳为证据,且其应作为其说明事项的初步证据,除非有相反的证据,而且在法院所作的宣誓书,法院应推定该宣誓书由版权所有人所作或是代表版权人所作。

218.2 本章所涉的诉讼中

(a) 诉讼所涉作品或是其他主题推定其有版权,若被告未提及该作品或该主题是否存在版权的质疑;

(b) 若作品是存有版权的,则推定原告为该作品版权所有人,如其主张自己为版权所有人而被告未提出异议的;

(c) 若被告违反诚信原则,对该作品或其他主题是否存有版权或版权所有人的问题上提出异议的,其所致不必要的额外开支或诉讼的延期,法院在不支持被告的诉讼中将此等额外支出直接判给被告承担,其他诉讼参与人因之而生额外开支亦由被告承担。(n)

219. 作者之推定

219.1 在作品上以通常的方式署名的自然人,如无其他相反证据,则推定其为该作品的作者,该规则亦适用于化名作品,若借此能确定作者身份的。

219.2 在视听作品上以通常方式署名的自然人或组织、法人,若无相反证据,则推定其为该作品的制作者。(n)

220. 作品之国际注册

依菲律宾已成为或将成为成员国的国际公约或条约的规定在国际注册处注册的作品，对此的声明应推定为是真实的，除非有相反的证据证明有例外情况：

220.1 根据本法或其他知识产权法的规定，该声明无效；

220.2 该声明与其他国际注册处的声明有不符的。(n)

第 18 章 适用范围

221. 第 172 条、第 173 条所涉作品之附带规定

221.1 本法所保护的第 172 条、第 173 条的规定所涉的版权作品，适用于：

（a）作品的作者具菲律宾国籍或是在菲国有惯常居所；

（b）视听作品的制作者的本部在菲国或是在菲国有惯常居所；

（c）建筑作品是在菲国建造，或是建筑构造结合的建筑中的其他艺术作品是在菲国境内或是坐落在菲国；

（d）作品首次出版是在菲国；

（e）首次出版是在其他国家，但随后三十日内在菲国发行的，无论作者国籍以及住所如何。

221.2 本法所保护的作品也适用于那些根据菲国为成员国的国际公约或条约所规定的作品。(n)

222. 表演者之附带规定

本法所保护的表演适用于：

222.1 表演者具有菲国国籍。

222.2 表演者虽不具有菲国国籍，但是其表演：

(a) 该表演发生在菲国；

(b) 结合在本法所保护的录音制品中的；

(c) 虽未以录音制品形式固定，但是经过广播，其根据本法应该予以保护的。(n)

223. 录音制品之附带规定

本法所保护的录音制品适用于：

223.1 录音制品制作者具有菲国国籍。

223.2 录音制品在菲国内首次发行。(n)

224. 广播节目之附带规定

224.1 本法所保护的广播节目适用于：

(a) 播送广播的广播组织的总部设在菲国境内；

(b) 播送广播的发射设备在菲国境内。

224.2 本法亦适用于，根据菲国是成员国的国际公约或条约中所要求保护的表演者、录音制品制作者、广播组织。(n)

第 19 章 民事起诉

225. 管辖权

在不违背第 7 条第 1 款第（c）项规定的情况下，根据本法提起的起诉，应由现行法规定的有管辖权的法院受理。(P. D. NO. 49a 第 57 条)

226. 损害赔偿

被诉行为发生之日四年前所产生的损害，起诉时不能得到赔

偿。(P. D. NO. 49 第 58 条)

第 20 章　附加规定

227. 交存本和文书之所有权

根据本法规定所有向国家图书馆和最高法院图书馆交存的副本或其他书面材料将归政府所有。(P. D. NO. 49 第 60 条)

228. 公共记录

国家图书馆和最高法院图书馆的部门掌管其收受的所有交存作品和书面材料,并作必要的记录,且其应向公众开放以供查阅。国家图书馆长官为执行本条规定及本法其他规定,有权发布必要的保障措施和操作细则。(P. D. NO. 49 第 61 条)

229. 版权部门经费

从本法生效日起,国家图书馆版权组应归类成为一个部门,国家图书馆有权依本法对其提供的服务收取相应的费用,并经部门长官的同意,不时发布该费用情况。(P. D. NO. 49a 第 62 条)

第五编　最后规定

230. 衡平法则之适用

依本法在本局进行的双方提起的诉讼中，需要适用衡平法则中的懈怠、禁反言、默许规则的，应予以考虑且适用。(R. A. NO. 165 第9条A)

231. 与外国法反向互惠

外国法对菲国所要求保护的知识产权所设定条件、限制、削减、要求、处罚或其他类似负担的，菲国法亦对其实行同等对待。(n)

232. 上诉

232.1　对普通法院的判决提起上诉应依法院规则进行，除非是上级法院制止，则原审法院的判决应系可执行的，即使依法院规定的条件其系处于上诉期间内；

232.2　除非有本法或是其他成文法的明确规定，对行政机关的决定的上诉应该于细则中规定。(n)

233. 机构组织；《薪酬标准法》和《缩员法》之豁免

233.1　应在本法通过后一年内组建知识产权局，共和国法案 NO.7430 之所规定的原则将不再适用。

233.2　本局应建立自己的薪酬体系，如果本局将使其自身系统尽可能地符合共和国法案 NO.6758 所规定的原则。(n)

234. 专利、商标及技术转移部之废除

贸易工业部下属的原专利、商标及技术转移部应撤除，其公历年内所剩的经费和费用、罚金、使用费及其他收缴的费用，与专利、商标及技术移转部的财产设备和档案记录以及必要的人事，一并转移至知识产权局名下，未被吸收的人员和已转移的人员应依现存法的规定享有退休福利；否则，按其服务年限，每年支付一笔报酬，其数量相当于一个月的基本薪水，或以对其更有利的其所收到的最高薪水为基础。（n）

235. 本法生效前之待决申请

235.1 所有向原专利、商标及技术移转部提交的未决的专利申请应继续进行，依申请时的法律授予专利权，原专利法仅在该范围内继续适用，纵使有前述之废除；如是实用新型和工业外观设计注册的未决申请，则在本法生效后依本法进行，除非申请人选择按申请所依的原法律继续进行的。

235.2 所有向原专利、商标及技术移转部提交的商标、商号注册的未决申请，在本法生效时，如其可以依本法提起的，则可以修正原申请以继续。上述申请应依本法继续进行和授予注册。如果未作修正的，则其申请依原法继续进行和授予注册，原法仅在该范围内继续适用，纵使有前述之废除。（n）

236. 已有权利之保留

在本法生效前依诚信获得的专利权、实用新型注册、工业外观设计注册、商标权、版权的实施，本法对之不生任何负面影响。（n）

237. 《伯尔尼公约》附录之告示

菲国应适当地满足《伯尔尼公约》（1971年巴黎文本）附录

所提出的条件,以充分利用其中关涉发展中国家的特殊条款,包括附录中的有关主管当局实施强制许可的条款。(n)

238. 拨款

实施本法所必需的经费,应由原专利、商标及技术移转部以其按现有的《综合拨款法》享有的所有财政拨款,和本公历年度内依本法第14条第1款、第234条之规定收缴的所有费用、罚金、使用费以及其他费用来承担。随后继续实施所需要的经费,应包括在每年的综合拨款法内。(n)

239. 废除

239.1 所有不协调的法案或是其部分,更具体地说,共和国法案 NO.165(修正案);共和国法案 NO.166(修正案);修订后的刑法典第188条及第189条;总统令 NO.49,包括总统令 NO.285(修正案),因此应予以废除。

239.2 根据共和国法案 NO.166 获得注册的商标应该继续有效,但应看做依本法授予的注册,其在本法规定的时间内应可续展,在续展时应按照国际分类体系进行。根据共和国法案 NO.166 之补充注册的商号和标志应该继续有效,但不得续展。

239.3 本法条款应适用于在本法生效前已获的版权继续有效的作品,且本法适用并不导致该保护的任何削弱。(n)

240. 分离性

如果本法的任何条款或其在任何情况下的适用被认定为无效的,则本法其他规定并不因此而受影响。(n)

241. 生效日

本法于1998年1月1日生效。(n)

本法案在 S.NO.1719 以及 H.NO.8098 基础上进一步强化

巩固，并最终由上议院和众议院分别于 1997 年 6 月 4 日和 1997 年 6 月 5 日通过。

核准：1997 年 6 月 6 日。

附 1：(1) 某些法条末尾标注 n 是指相对于旧法律而言的新规定；

(2) R. A. 指 Republic Act，即共和国法案；

(3) 法案后 a 是指 as amended，即法律修正案；

(4) P. D. 指 President Decree，即总统令。